中國學術思想

研究輯刊

十八編

林 慶 彰 主編

第 **7** 冊

莊子〈齊物論〉「因」之辨析

何 孟 穎 著

花木蘭文化出版社

國家圖書館出版品預行編目資料

莊子〈齊物論〉「因」之辨析／何孟穎 著 — 初版 — 新北市：
花木蘭文化出版社，2014〔民 103〕
目 2+140 面；19×26 公分
（中國學術思想研究輯刊 十八編：第 7 冊）
ISBN：978-986-322-678-9（精裝）
1. 莊子　2. 研究考訂
030.8　　　　　　　　　　　　　　　　　103001975

ISBN-978-986-322-678-9

9 789863 226789

中國學術思想研究輯刊
十八編　第 七 冊　　　　　ISBN：978-986-322-678-9

莊子〈齊物論〉「因」之辨析

作　　　者　何孟穎
主　　　編　林慶彰
總 編 輯　杜潔祥
副總編輯　楊嘉樂
編　　　輯　許郁翎
出　　　版　花木蘭文化出版社
社　　　長　高小娟
聯絡地址　235 新北市中和區中安街七二號十三樓
　　　　　　電話：02-2923-1455／傳眞：02-2923-1452
網　　　址　http://www.huamulan.tw 信箱 hml 810518@gmail.com
印　　　刷　普羅文化出版廣告事業
封面設計　劉開工作室
初　　　版　2014 年 3 月
定　　　價　十八編 16 冊（精裝）新台幣 28,000 元

莊子〈齊物論〉「因」之辨析

何孟穎　著

作者簡介

何孟穎，1988 年 3 月 23 日生，台灣台南人，天主教輔仁大學中文所碩士。研究領域主要為莊子，目前單篇論文有：〈從〈齊物論〉之無待試論莊子之真知〉(《輔大中研所學刊第二十八期》)、〈〈損〉、〈益〉辯證對生命意義之實現——兼談〈損〉〈益〉辯證的「與時偕行」〉(《第五屆海峽兩岸青年易學論文發表會會議論文集》)。

提　要

　　本文探就〈齊物論〉裡如何以「因」證道。而「因」必然有其對象，同時亦必有具體實踐，「因」的意義才能顯露。

　　首先，即探究「因」的對象有著怎樣的形式與內涵。第一，作為因果論式的「因」，乃表現為現象的「彼是相因」；第二，作為順應、因循意義的「因」，其對象不僅僅是代表「照之於天」的天道，一方面也是道心之照下，物物「不知所以因而自因」那在其自己的自然之在，因此可以說有兩重意義。而「因」在〈齊物論〉的第二種意義，正由這第一種意義超越而來，換言之，由此亦可見莊子在設法超越「彼是相因」時，將「因」的意義和對象如何作轉換。

　　其次，「因」的對象必有具體實踐使之朗現，即「因」的工夫，而此工夫必須透過主體的修持，才能落實下來。莊子即採取無為無待、心齋坐忘之自我修持。其無為而因自然，則物物各適性自用，兩不相勝，更上一層，即泯去無為之跡，復入絕待之境；又心如明鏡而忘外忘物，此即心齋，忘其明鏡復而忘內忘我，此為坐忘。故迹冥相即、和光同塵，以道心之在，遊乎天地萬物之有，達精神之絕對自由，此即「因」的工夫實踐。

　　而透過「因」的功夫，實現「因」的對象，向上超越、冥合至道，進而齊物、喪我、乃至物我皆化、生死相忘，最後復開展出「因」的理境，即真、善、美、聖之理境。同時，與物相因、隨物遷化，也反映出莊子以「因」應物的瀟灑性格，及其與道合一的生命精神、無適恬淡的生命情調。至此，「因」的真義遂昭然朗現，至道方顯露大明。

　　換言之，「因」的功夫乃實踐於生活，「因」的理境亦實與生命合一，既不捨離世界、亦不執著於世界，是以齊物而逍遙，又復回歸於人間世，其因「無」得以觀始物之妙，因「有」以而觀終物之徼，故至道乃全體大明，復入真、善、美、聖之境而立命，此即〈齊物論〉「因」之體證，亦是生命之實證。

目
次

第壹章　緒　論

第一節　研究動機與目的

西漢・司馬遷（145 or 135～86 B.C.）《史記・老子韓非列傳》〔註1〕記載：

> 莊子者，蒙人也，名周。周嘗爲蒙漆園吏，與梁惠王、齊宣王同時。
> 其學無所不闚，然其要本歸於老子之言。故其著書十餘萬言，大抵
> 率寓言也。作〈漁父〉、〈盜跖〉、〈胠篋〉，以詆訾孔子之徒，以明老
> 子之術。畏累虛亢桑子之屬，皆空語無事實。然善屬書離辭，指事
> 類情，用剽剝儒墨，雖當世宿學，不能自解免也。其言洸洋自恣以
> 適己，故自王公大人不能器之。楚威王聞莊周賢，使使厚幣迎之，
> 許以爲相，莊周笑謂楚使曰：「千金，重利；卿相，尊位也。子獨不
> 見郊祀之犧牛乎？養食之數歲，衣以文繡，以入太廟。當是之時，
> 雖欲爲孤豚，豈可得乎？子亟去，無汙我。我寧遊戲汙瀆之中以自
> 快，無爲有國者所羈，終身不仕，以快吾意焉！」

據目前莊子生卒之考證，各家莫衷一是〔註2〕，僅能推論莊子大約生於西元前
三百六十九年左右，約卒於西元前兩百八十六年前後。但可以確定的是，莊
子所處的戰國時代，時乃天下失序、局勢紛亂，故各方思想雨後春筍、蓬勃

〔註1〕【漢】司馬遷：《史記》（楊家駱編：《新校本二十五史》）（台北：鼎文書局股
　　　份有限公司，民國64年），頁2143。
〔註2〕莊子生卒年之各家異說參見黃錦鋐：《莊子及其文學》（台北：東大圖書股份
　　　有限公司，1984年），頁5、6之整理。

發展，在家國離亂、諸子爭鳴之內外因相互激盪下，遂蘊育《莊子》一書。《莊子》今本爲三十三篇，其中內篇七篇概爲莊子本人所作無疑，但外篇與雜篇歷來則眾說紛紜。明‧譚元春（1586～1637）說：「自七篇外，不惟不主一家，或亦不出一時。」〔註3〕有以爲內篇以外皆莊周後學所繫〔註4〕，本文旨不在成書考證，故於此復不贅述。然而《史記》說莊子：「詆訾孔子之徒」、「用剽剝儒墨」，或許不愼公允。莊子之性格，絕對道家，其不求仕官，亦不圉事功，寧爲孤豚，「遊戲汙瀆之中以自快，無爲有國者所羈，終身不仕，以快吾意焉」，而「其言洸洋自恣以適己」，又更見其器量瀟灑，如此，何有詆毀他學之心？只能說莊子在當時提出了一套與孔子不同的思維方式與生命哲學，針對當時社會環境的遷變動亂下，人的精神安頓之需要，以不同進路設法解套。然而，無論入世的、避世的或應世的哲學，其目的最終都是歸宿於安身立命。倘若生命哲學最後無法使生命獲得安立，那麼便將流於空談而喪失意義，故「《莊子》一書便反覆強調要保持人的自然眞性，要不失其性命之情」〔註5〕。因此，莊子雖不入仕宦，亦決不是避世，而是以他獨特的哲學思維作爲根據，理出一套屬於道家的精神自由風貌，以作爲人之在世的安頓歸宿。

　　本文即取《莊子‧內篇》〈齊物論第二〉作爲研究。莊子對於生命現象的觀察與對生命之關懷亦可以從〈齊物論〉中提出的關於人的諸多問題得到揭示，同時，筆者更嘗試進一步思考，以求其中之精粹。

　　首先，乃問題意識之提出，即：〈齊物論〉的宗旨在「齊物」，「齊物」的核心爲道與自然，而關鍵則是道與自然的表現形式，即物各自是的順應、因循之模式。因此，筆者復以「因」作爲本文探討的主軸。然而，在〈齊物論〉中，爲何「因」字底下卻並未以「因道」或「因自然」這樣的組合出現呢？反而，則是常在一個段落之後，以「因」+「是」之形式作總結（例如：「是以聖人不由，而照之於天，亦因是也」、「適得而幾矣，因是已。已而不知其然，謂之道」、「名實未虧而喜怒爲用，亦因是也」、「無適焉，因是已」），故此「因是」二字，不免讓人好奇箇中意義。莊子以「是」一字概之，那麼它

〔註3〕 嚴靈峰編輯：《無求備齋莊子集成續編》，第 27 冊（台北：藝文印書館，1974年），頁 140。

〔註4〕 繫於全書之末的〈天下篇〉比較特殊，勞思光著：《新編中國哲學史（一）》（台北：三民書局股份有限公司，2005 年 4 月），頁 245。

〔註5〕 李霞：《生死智慧──道家生命觀研究》（北京：人民出版社，2004 年 5 月），頁 268。

的內涵究竟是什麼？試想，「因」作為動詞，顯然地，後面連接著的「是」便是一組「因」的受詞、對象。然而，這裡是否是涵蓋一個以上的對象呢？換言之，是否將「道」與「自然」濃縮於其中，使之具有雙重意義呢？又或者說是不同意義的不同層次的同一種對象？若有，那麼兩者之間的關係又是什麼呢？而「因」作為「是」的動詞，若「因」是用來完成「是」、使「是」朗現，那麼它的具體實現方法是什麼？而若其對象是雙重的，那麼是否採取不同相應之途徑？最後，「因是」的完成能夠開出怎樣的境界？若有境界的展開又能否落實於生活之中，並於此安生立命？而在這一切之前，又是與這一切之後表現出怎樣迥異的不同？其次，即確立本文研究目的：因此，本文遂以上述問題意識為出發點，擬以「因」作為軸心，以現象、本體、實踐、境界作一體系的建構，試圖解決上述問題。而在解決問題的同時，亦嘗試回答了人該如何自處，以及人該如何與人（此在）所被放置的世界共處，這便是本文的最終目的。

詩人巴爾蒙特（Бальмонт Константин Дмитриевич, 1867～1942）說：「最美的人懂得熱愛生命。」〔註6〕然而，熱愛生命並不是貪戀生命，而是切實地活著——使自我的精神，能以安命的態度面對在世的理想。而毫無疑問的，關於理想，「理想的力量之一，正在於它能轉化現實。如果空靈的理想僅止於空靈的理想，則它根本就不成為其理想，而只是飄蕩無限的夢幻。」〔註7〕但理想的實現過程，若無妥善的精神支撐，即便轉化為現實，也容易流於無限飄蕩的海市蜃樓。因此，莊子「因」的順應哲學，並不是委屈地要人與現實妥協，亦不是激進地不與現實共識，而是要將生命妥適安頓於現實之中，同時保有精神之自由，予心靈以寧靜以富足。如此，則不但我的生命情意能獲得提升，自適自得，亦能與身處其中的世界和諧共渡。

第二節　研究範圍與前人研究成果

本文之研究範本，主要採清代郭慶藩（1844～1896）《莊子集釋》，以西晉・郭象（252～312）之注、初唐・成玄英（生卒不詳，約西元 601～690

〔註6〕巴爾蒙特（Бальмонт Константин Дмитриевич）：〈我的遺言〉，張冰譯。
〔註7〕劉述先：《生命情調的抉擇》（台北：台灣學生書局有限公司，民國七十四年八月），頁94。

之間）之疏，為疏通義理之依據。研究範圍則以〈齊物論〉為主、莊子內篇其餘六篇為輔，並以題幹「因」為主軸，針對〈齊物論〉文本進行梳理，但次序並不按原先文章次序安排，而是依照章節主題採取相應的段落拆解、說明。

在〈齊物論〉裡，「因」字總共單獨出現十次，按段落分，則可整理出七條：1.彼出於是，是亦因彼。2.因是因非，因非因是。3.是以聖人不由，而照之於天。亦因是也。4.適得而幾矣，因是已。已而不知其然，謂之道。5.名實未虧而喜怒為用，亦因是也。6.無適焉，因是已。7.因之以曼衍。其中 1、2的「因」，取因果之意義，3、4、5、6、7的「因」則取順應之意義。

而關於《莊子》中「因」的詮釋，明代焦竑（1540～1620）便說：「因之一字，老莊之要旨。」〔註8〕清代林雲銘（1628～1697）亦著有《莊子因》一書，以「因」來解構莊子。此「因」的解構方式，錢奕華（1959～）乃以：因之以作品、因之以讀者、因之以作者、因之以道此四面向，來作《莊子因》的詮釋裡論建構。〔註9〕錢奕華指出，林雲銘以「因」解《莊子》，「一是作者以『因』的角度，『因』有『順之』之意，即是『因任自然，隨順而行』之義，對《莊子》一書，作品的處理上，如何治莊、讀莊，經由考證、參照自己的看法、分梳詞義，總括旨意後，解讀莊子而後合乎莊子之意，這一層次屬於在方法上與義理上的『因』。……另一層次的『因』，指作者心理上，不必然期待閱讀者讀懂到何種程度，若閱讀者能體會真正莊子之『因』，如此作者本身註莊的外在評價，也就隨『因』之的觀點，無可無不可，作者不必然，而閱讀者可以不必必然。莊子之『因是』，有祛除個人主觀之成見後，所呈現和以天倪，莫若以明之心靈世界，西仲則以『因』，除了標舉出莊子〈齊物論〉之要旨，並作為書之旨，以得其環中，解決全書環環相扣，層層相因，互相涵蓋，以應於無窮之要訣，由文入理，得其言外之意。……由『字面』而『句讀』，由『句讀』而明『段落』，最終得其『通篇大旨』及『眼目所注，精神所匯』，如此解讀技巧的層層相因部份，篇章結構的相因之理，構成《莊子因》之『因』，除了『順之』、『因任自然』之義以外，更具有更實際上的功能，《莊

〔註8〕 明・焦竑：《莊子翼》，藝文印書館據月明萬曆十六年長庚館刊本影印，嚴靈峰：《無求備齋莊子集成續編》，第11冊，頁77。轉引自錢奕華：《林雲銘《莊子因》「以文解莊」研究》（台北：花木蘭文化出版社，2009年3月），頁321。

〔註9〕 錢奕華：《林雲銘《莊子因》「以文解莊」研究》（台北：花木蘭文化出版社，2009年3月），頁315～318。

子因》書中『因』是方法，及篇章中『相因』之理，與〈齊物論〉中『因是』為齊物之旨，的篇章內容是相關且引申式的闡發，並非完全等同。西仲取其書名為《莊子因》即是希冀由莊子文本的細讀，藉由『施圈點、晰文理、批釁導窾、較易通曉』後，得其全書篇章之間『相因之理』，進而理解莊子之原本面貌，掌握莊子精神所匯之處，最終託寓西仲自己『因之』而不以為意的懷抱。」〔註10〕這裡提示了一種新的詮釋莊子的路徑，屬於方法上的開拓，其實也就是提出對於《莊子》一書，其理解的再理解的詮釋態度。本文的「因」，亦試圖以此種文本與注解的視域融合之方法作詮釋，但相較於《莊子因》其範圍甚至涵蓋訓詁考證、文學章法等等之恢弘，本文乃著眼於「因」本身形上學的意義而開展論述，而其內容進路，則以成玄英（生卒年代約為西元601～690年）提出的「重玄」，為思考的出發點，以建構屬於本文的詮釋「因」的不同面貌。

　　所謂「重玄」，乃指雙重之「玄」，其《道德經義疏》曰：「有欲之人，唯滯於有；無欲之士，又滯於無，故說一玄，以遣雙執。又恐行者，滯于此玄，今說又玄，更祛后病，既而非但不滯於滯，亦乃不滯於不滯，此則遣之又遣，故曰玄之又玄。」〔註11〕「『玄』和『玄之又玄』，在《道德經》中本來是對『道』的玄遠性引出『玄』即『不滯』，從『不滯』引出『遣執』、『去滯』，再由『玄之又玄』引出『遣之又遣』，即『非但不滯於滯，亦乃不滯於不滯。』」〔註12〕換言之，亦即從有中遣有，再從遣有中遣遣有，也就是從無再遣無。以此雙遣的哲學思維疏《莊子》，自然能給予莊子的「因」更多闡釋的啟發，並挖掘出「因」更內在的雙重性格，亦即，在有與無、物與道的雙線疊合上，探究其雙——即各面向之呈現，及其疊合——即雙重面向交疊後之展示，最後把疊合的痕跡化去——此則道物圓融所開出的境界。

　　然而現實之中，道、物本不能分解、抽離。純然地止於道或止於物，一轉為孤明二轉為執著，則不能展現道、物彼此寄託與實現的完整。正如周雅清（？～）所指出：「道與物之間，就因地而言，互不相離；就果地來說，渾化一體，因地、果地皆表現出道物為一的一面。……其一，從本體宇宙論

〔註10〕同注9，頁150～152。

〔註11〕成玄英：《道德經義疏》，見《蒙文通文集‧道書輯校十種》（成都市：四川出版集團巴蜀書社，2001年8月），頁377。

〔註12〕羅中樞：《重玄之思——成玄英的重玄方法和認識論研究》（成都市：四川出版集團巴蜀書社，2010年10月），頁61。

的角度來看，道與物有體用之別。道是萬物的本體，是萬物得以實現其自己的形上根據，由物見道，即是見體，故成玄英云：『體即物道』。物是道『從本降迹』所成就的施化之功，是道體的發用，由道而物，即是明用，故成玄英云：『用即道物』。其二，從工夫修養的角度來看，物與道分屬迷、悟兩種不同境界（此處之『物』，偏就人而言，人才有迷悟、起不起修的問題）。物只有在依德起修而達到修養至極，才能體證道的內涵，此時之物，其當身雖仍是物的身分，卻能展現道的境界、與道同質而不殊，是以成玄英云：『悟即物道』。物若在迷而不能起修，則雖有稟自於道的正性、本性，也無法體證道的內涵、展現道的境界，其當身仍未離於有物之域，故成玄英云：『迷即道物』。」〔註 13〕是故，這種「重」的分解，並不是純然理論式的分析，而是必然在實踐上，才能以體會方式悟得的雙遮雙遣之進路。

因此，本文若只停留於「因」的字面意義，則無法精確地理解蘊育其中的莊子式的體悟。是故，本文遂藉由語法結構之好奇，進而追問至思想層次，換言之，亦即在〈齊物論〉的背景下，嘗試將壓縮至「因」一字而概的包含著形上學及工夫論的雙重意義，以詮釋學的方法揭露出來。

第三節　研究方法

第一，本文嘗試運用詮釋學的理解。伽達默爾（Hans-Georg Gadamer, 1900～2002）說「詮釋」乃：「一切思想的使節」〔註 14〕，交通往來的中介，一方面詮釋是理解，而「理解的本質是什麼？如果是指向原意的，那麼這個『原意』終將會因時間的流逝而磨損，最終化為無；如果理解是『生產『意義的，那麼一切語言、文字流傳物將會在這個生產過程中變得越來越豐富、充足。」〔註 15〕又「理解和解釋的方法是過去與現在的中介，或者說，作者視域與解釋者視域的融洽，理解的本質不是更好的理解，而是『不同理解』（Andersverstehen），伽達默爾寫道：『理解就不只是一種複製的行為，而始終

〔註13〕周雅清：《成玄英思想研究》（台北：新文豐出版股份有限公司，2003 年 9 月），頁 194。

〔註14〕伽達默爾（Hans-Georg Gadamer）《真理與方法》卷二，轉引自洪漢鼎：《詮釋學——它的歷史和當代發展》（北京：人民出版社，2005 年 10 月），頁 5。

〔註15〕潘德榮：《詮釋學導論》（台北：五南圖書出版股份有限公司，2002 年 9 月），頁 192。

是一種創造性的行為』。」〔註16〕因此，詮釋必然不只是純粹的解釋及理解，「我們理解作品的意義，光發現作品的意義是不夠的，還需要發明。」〔註17〕是以，除了對〈齊物論〉中「因」的意義作解釋、理解之外，還必須再進一步，給出新的理解和解釋。換言之，即對莊子給出的空間、語意的空白作發明闡釋與填補。故本文乃試圖以重新架構〈齊物論〉之體系，在不傷害經典原意下，創造新的理解。

　　第二，即嘗試運用詮釋學之理解與實踐並行的詮釋轉向，使「因」透過生命的實踐體證，在「自然」的形式裡，將自身揭露出來。「按照海德格爾的看法，理解就是與事物打交道（mit etwas zutun, mit etwas umgehen），理解的最本真的方式就是在事物自身的運作中使自身被揭示出來。」〔註18〕伽達默爾亦說：「詮釋學是哲學，而且是作為實踐哲學的哲學。」〔註19〕又說「生命本身，即一種流逝著的時間性，是以形成永恆的意義統一體為目標。是以形成永恆的意義統一體為目標，生命本身解釋自身，它自身就有詮釋學的結構，所以生命構成精神科學的真實基礎。」〔註20〕換言之，這種實踐的詮釋便是生活的體驗。而「體驗就是去生活（to live），去生活就是中介內在世界與外在世界的客觀化的精神」〔註21〕，其理解與實踐的關係，正如「人文科學的對象是過去精神或生命的客觀化物，而理解就是通過精神的客觀化物去理解過去生命的表現。狄爾泰在這裡提出『體驗』（Erleben）和『再體驗』（Nacherleben）概念，如果對於施萊爾馬赫來說，理解就是重新構造作者的思想和生活，那麼對於狄爾泰來說，理解就是重新體驗過去的精神和生命。……人文科學最關鍵得不是客觀性，而是與對象的前行關係，正如在藝術和歷史中人的主動參與是它們理論有無價值的根本標準，同樣在其他人文科學中，如政治、文學、宗教學等，實踐參與正構成他們的本質特徵。『如果從對理解任務的態度中產生了自己體驗到的精神關係，那麼人們也將此稱為

〔註16〕洪漢鼎：《詮釋學——它的歷史和當代發展》（北京：人民出版社，2005 年 10月），頁 21。

〔註17〕同註 16，頁 21。

〔註18〕同註 16，頁 203。

〔註19〕伽達默爾：《科學時代的理性》，Ten MIT Press, Cambridge, Massa-Chusehs London, 1981 年，頁 111。轉引自洪漢鼎：《詮釋學——它的歷史和當代發展》（北京：人民出版社，2005 年 10 月），頁 26。

〔註20〕同註 16，頁 113。

〔註21〕同上註。

從本己的自我向某種生命表現之總體的轉移』。」〔註22〕而「莊子哲學有兩個
支點：生命與自然」〔註23〕，正因此，本文在詮釋〈齊物論〉時，亦緊扣生
命與自然二線作為論述的核心，作為理解、重新體驗過去莊子的精神，而以
自然的形式、狀態來作生命之實踐、體證，以將理解體現、應用於實際生活。

　　綜而言之，如鄔昆如（1933～）所說：「對真理的認識，一直是透過詮釋」
〔註24〕，透過詮釋，不但可以更靠近真理，切實感受並理解此在（Dasein）被
放置世界中的存在，故帕瑪（Richard E. Palmer, 1933～）說：「找尋自己被放
置在這個世界的方式，詮釋也許就是人類思維的最基本行為；生存本身確實
可以說是一種不間斷的解釋過程」〔註25〕。而「狄爾泰詮釋學的必然結論就
是，人被看成是有賴於過去不斷詮釋的東西，是『詮釋學的動物』。人依賴對
過去遺產的詮釋和對過去遺留給他的公共世界的詮釋來理解他自己，正是在
這裡，我們看到了以後海德格爾此在詮釋學的預兆，及理解不是對外在對象
的主觀行為，而是此在自身的基本存在方式。」〔註26〕因此，詮釋便是「找
尋自己被放置在這個世界的方式」，進而安立生命。同時，經典接受詮釋，而
正因為有著廣大之詮釋空間，故才有更多哲學詮釋之可能，去創造理解；也
正因其蘊涵諸多隱晦的、非肯定之語意的空白〔註27〕，故能涵藏如此豐富的
哲思於其中，正如姚斯（Hans Robert Jauss, 1921～1997）所云：「世界將變得
清晰起來」。此外，「各種不同的生命哲學即是我們向前活下去的基本假定，
而採取了不同的生命觀點的結果，便有不同的實際生命歷程與之相應」〔註
28〕，是故古往今來之東聖西哲，雖時空、際遇不同，但對生命自然之體證感
悟，亦必有感通之處，即使採取不同的相應之，其中亦同樣透露著哲理之幽
微。要之社會之競爭也激、變遷也速，然而，正因為「哲學的理想與文化未

〔註22〕同注 16，頁 25、27。
〔註23〕陳鼓應主編：《道家文化研究》（上海：新華書局，1992 年 6 月），頁 101。
〔註24〕鄔昆如：《哲學概論》（台北：五南圖書出版股份有限公司，2006 年 9 月），頁
　　　　289。
〔註25〕帕瑪（Richard E. Palmer）著，嚴平譯：《詮釋學》（台北：桂冠圖書股份有限
　　　　公司，1992 年 5 月），頁 9。
〔註26〕同注 16，頁 117。
〔註27〕事實上，「作品本身是一個『招喚結構』，它以其不確定性語意義的空白，使
　　　　不同讀者對其進行具體化時隱含了不同的理解和解釋」。胡經之、王岳川主
　　　　編：《文藝美學方法論》（北京：北京大學出版社，1994 年 10 月），頁 346。
〔註28〕同注 7，頁 80。

來的不可分割，內在的生命反而覺得豐富多彩」〔註29〕，是故，惟有透過不斷地詮釋，其經典才能夠更新生命，而其中蘊涵的哲學才能為一真實而活著的哲學。因此，本文除了從莊子之經典直探本源，也參考其他經典，甚至詩人、小說家之作品，期許透過創造性詮釋以及詮釋的實踐理解，能使〈齊物論〉之中的智慧更加明朗，並且既傳統而又現代。

第四節　研究步驟

由於道不屬於知識的範疇，亦不為知識的對象〔註30〕，故不能以感官、知性來認識，換言之，道是智慧，必須以相應的途徑使之顯露，故必須拋開知性、邏輯之認知、思辨的理解途徑，轉而尋求另一種方式——亦即作為理解與實踐並行的詮釋轉向下的屬於生命體證的實踐形式與內涵。故本文即針對莊子〈齊物論〉「因」設計一套詮釋方向，探就在〈齊物論〉裡如何以「因」來證道。

然而，「因」必然有其所因之對象，同時亦必有一套具體實踐，「因」的意義才能真正顯露出來，否則便將流於字面及概念上的空談而無法落實於真實人生。而在〈齊物論〉中「因」字所出現的十次裡，「無適焉，因是已」這一句，其「無」的字面意義，恰好可以直觀地點出莊子無外無內的消解的實踐之特質，故本文遂取其「無適焉」作為「因」的工夫論，以說明這種特有的實踐模式。而緊接著的「因是已」，其「是」作為「因」的對象，配合莊子獨有的工夫論，則可以揭示出「因」所對應的對象之雙重性。合而言之，這樣「無所往而因是」的遮撥的辯證，正好符合莊子所慣用的表達方式，而在此辯證下，亦可以達到將「因」的雙重意義完整展示之目的。因此，本文便鎖定以「無適焉，因是已」，作為以「因」證道下的論述進程。

換言之，莊子乃微言大義，故雖說「無適焉，因是已」，然「因」的對象

〔註29〕同注7，頁86。

〔註30〕牟宗三先生說：「西方哲學基本上是一種分解盡理的精神，其追尋真理的過程，就是不斷向外追尋、投射，冀望在客觀世界中尋獲一絕對的本體。此種分化了別是認識心的原基動作（primordial act），他最後必然指向一對象，而求『貞定』對象。於是對象只能以實體化（substantial）的方式呈現，或為理型，或為物質，或為上的，乃至存在。……實體化的對象只是認識心依其分化了別的動作所暫時凝住的有。」牟宗三講述、陶國璋整構：《莊子齊物論義理衍析》（台北：書林出版社，1994年4月），頁227。

卻上天下地、涵有攝無，而此「無適焉」之瀟灑，亦必須透過層層修持而得。因此，本文除了主要選定以「無適焉，因是已」作爲樣本，來配合「因」的題幹作爲分析進路，以旁攝其他組（即作爲因果意義的「因」：彼出於是，是亦因彼。／因是因非，因非因是。以及作爲順應意義的「因」：是以聖人不由，而照之於天。亦因是也。／適得而幾矣，因是已。已而不知其然，謂之道。／名實未虧而喜怒爲用，亦因是也。／因之以曼衍。）以說明「因」在〈齊物論〉裡的對象、實踐工夫和體證完成的理境。除此之外，本文更嘗試將之以現象、本體、實踐、境界四個面向，相互架構出體系，以強化各部份之關聯，使論述更趨完整，其布置如下：〔註31〕

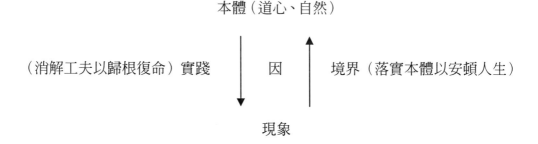

現象，爲第一部分：「因」的本質。分析「因」在〈齊物論〉裡所代表的兩種意義的第一種，即因果意義：「彼出於是，是亦因彼」、「因是因非，因非因是」。本章以生死之關係及經驗知識上對題的相反相成之對象爲子題，說明「因」的在現象上，表現出來的彼是相因之因果關係，同時這代表著人的一種限制。而「因」在〈齊物論〉的第二種意義，正由這第一種意義超越而來。

本體，爲第二部分：「因」的對象。分析「因」在〈齊物論〉裡所代表的兩種意義的第二種，即順應、因循的意義所對應的對象：「適得而幾矣，因是矣」、「聖人不由照之於天，亦因是也」、「名實未虧而喜怒爲用，亦因是也」、「無適焉，因是已」、「因之以漫衍」。而其實上述都表達同一個概念，即是由消解的工夫實踐，而「因是已」。因此，「是」作爲「因」的對象，不僅僅代表著「照之於天」的天道，一方面也是道心之照下，物的自然之在。因此，「是」

〔註31〕 若以口渴解渴來作譬喻，則口渴就是現象，喝水便是實踐，然而解渴必然得先有水，水即是解渴之本體，解渴後的神清氣爽即是境界。是故，論即渴之產生與解渴過程，此四環節缺一不可，否則就成爲忘梅止渴的空想了。

所指涉的對象，可以說有兩重意義。此章便分析此兩重意義，梳理「因」的對象。而考慮到莊子哲思隱晦幽微，是有也是無、是分也是合，因此筆者以本章以「有」與「無」、「一」與「不一」輔助說明，以「有」爲自己之在，以「無」爲天道之在，並復以「一」與「不一」作呼應，以便更能正確把握住「因」的對象，即其「因是已」的意義。

　　實踐，爲第三部分：「因」的工夫。其工夫實踐即無爲無待、心齋坐忘，正因爲旨在無外無內，爲「無」的消解式修持，故以「無適焉」總括其條目，來說明「因」如何落實，成玄英疏之曰：「無所措意於往來」〔註32〕，換言之，其無所措意，乃以無爲無待爲解，其往來不住，則以心齋坐忘而證。

　　境界，爲第四部分：「因」的理境。本章以天籟之聞、生死物化闡述眞、美、善、聖之理境，展現「因」的體證完成所開出的境界，從而復返人生、安頓生命，至此，「無適焉，因是已」之程序完成，「因」的眞義亦豁然開朗。

〔註32〕【清】郭慶藩：《莊子集釋》（北京：中華書局，2010 年 11 月），頁 83。

第貳章　因的本質

第一節　因的意義

甲骨文	合 33007 四期 佚 577 四期
金文	蠡鼎 周中 陳侯因齊 戈 戰國 中山王壺 戰國 陳侯因齊 戈 戰國
其他文字	望山 M2 簡 戰國 郭店語一 戰國 上博恒先 戰國 郭店成之 戰國 上博容成 戰國
說文	

「因」〔註1〕，東漢・許慎（約 58～147）《說文解字》曰：「　就也，从囗大。於眞切。」〔註2〕清・段玉裁（1735～1815）《說文解字注》曰：「就也。就下曰：就、高也。爲高必因丘陵，爲大必就基阯。故因从囗大，就其區域而擴充之也。中庸曰：天之生物，必因其材而篤焉。左傳曰：植有禮，因重固。人部曰：仍，因也。論語：因不失其親，謂所就者不失其親。从囗大。於眞切。十二部。」〔註3〕「因」或作爲動詞、介詞、連接詞、名詞等等，則常見有下列意義：〔註4〕作爲動詞，有依靠憑藉、沿、承襲、連接、順應、相就趨赴之義；作爲介詞，有因爲、乘便、從……出發之義；作爲連接詞，有於是、因而之義；作爲名詞，有原因、因果、機會、姓氏。

〔註 1〕 左圖翻拍自高明、涂白奎：《古文字類編》（上海：上海世紀出版股份有限公司，2010 年 4 月），頁 374。

〔註 2〕 【漢】許慎：《說文解字》（北京：中國書店出版社，2002 年 1 月），頁 203。

〔註 3〕 【漢】許慎著，【清】段玉裁注：《新添古音說文解字注》（台北：洪葉文化事業有限公司，2010 年 9 月），頁 280。

〔註 4〕 以下詞義解釋之注解，資料皆摘自《新華字典》（香港：商務印書館，1989 年 8 月）。

　　〈齊物論〉裡，「因」字共計單獨出現十次，本文以「彼是相因」及「因是已」兩組，各取不同意義。前者取其因果之意義，後者取其順應之意義。分列七條，如下表所示：

位置（按出現順序）	意義	注、疏釋義
故曰 1.彼出於是，是亦因彼。彼是方生之說也。雖然，方生方死，方死方生；方可方不可，方不可方可；2.因是因非，因非因是。	因果	1.【注】夫物之偏也，皆不見彼之所見，而獨自知其所知。自知其所知，則自以爲是。自以爲是，則以彼爲非矣。故曰彼出於是，是亦因彼，彼是相因而生者也。 2.【注】夫死生之變，猶春秋冬夏四時行耳。故死生之狀雖異，其於各安所遇，一也。今生者方自謂生爲生，而死者方自謂生爲死，則無生矣。生者方自謂死爲死，而死者方自謂死爲生，則無死矣。無生無死，無可無不可，故儒墨之辨，吾所不能同也；至於各冥其分，吾所不能異也。 【疏】方，方將也。言彼此是非，無異生死之說也。夫生死交謝，（由）〔猶〕寒暑之遞遷。而生者以生爲生，而死者將生爲死，亦如是者以是爲是，而非者以是爲非。故知因是而非，因非而是。因非而是，則無是矣；因是而非，則無非矣。是以無是無非，非生無死，無可無不可，何彼此之論乎！〔註5〕
是以聖人不由，而照之於天，亦 3.因是也。	順應	【注】夫懷豁者，因天下之是非而自無是非也。故不由是非之塗而是非無患不當者，直明其天然而無所奪故也。 【疏】天，自然也。聖人達悟，不由是得非，直置虛凝，照以自然之智。只因此是非而得無非無是，終不奪有而別證無。〔註6〕
唯達者知通爲一，爲是不用而寓諸庸。庸也者，用也；用也者，通也；通也者，得也；適得而幾矣。4.因是已。已而不知其然，謂之道。	順應	4.【注】達者因而不作。 【疏】夫達道之士，無作無心，故能因是非而無是非，循彼我而無彼我。我因循而已，豈措情哉！ 【注】夫達者之因是，豈知因爲善而因之哉？不知所以因而自因耳，故謂之道也。〔註7〕

〔註5〕　【清】郭慶藩：《莊子集釋》（北京：中華書局，2010年11月），頁66、67。
〔註6〕　同注5，頁67。
〔註7〕　同注5，頁73。

位置（按出現順序）	意義	注、疏釋義
勞神明爲一而不知其同也，謂之朝三。何謂朝三？狙公賦茅，曰：「朝三而暮四，」眾狙皆怒。曰：「然則朝四而暮三，」眾狙皆悅。5.名實未虧而喜怒爲用，亦因是也。	順應	【注】夫達者之於一，豈勞神哉？若勞神明於爲一，不足賴也，與彼不一者無以異矣。亦同眾狙之惑，因所好而自是也。 【疏】此解譬也。狙，獼猴也。賦，付與也。茅，橡子也，似栗而小也。列子曰：宋有養狙老翁，善解其意，戲狙曰：「吾與汝茅，朝三而暮四，足乎？」眾狙皆起而怒。又曰：「我與汝朝四而暮三，足乎？」眾狙皆伏而喜焉。朝三暮四，朝四暮三，其於七數，並皆是一。名既不虧，實亦無損，而一喜一怒，爲用愚迷。此亦同其所好，自以爲是。亦猶勞役心慮，辯飾言詞，混同萬物以爲其一因以爲一者，亦何異眾狙之惑耶！〔註8〕
一與言爲二，二與一爲三。自此以往，巧曆不能得，而況其凡乎？故自無適有以至於三，而況自有適有乎？6.無適焉，因是已。	順應	【注】各止於其所能，乃最是也。 【疏】夫諸法空幻，何獨名言！是知無即非無，有即非有，有無名數，當體皆寂。既不從無以適有，豈復自有以適有耶！故無所措意於往來，因循物性而已矣。〔註9〕
化聲之相待，若其不相待。和之以天倪，7.因之以曼衍，所以窮年也。忘年忘義，振於無竟，故寓諸無竟。	順應	【注】和之以自然之分，任其無極之化，尋斯以往，則是非之境自泯，而性命之致自窮也。 【疏】曼衍，猶變化也。因，任也。窮，盡也。和以自然之分，所以無是無非；任其無極之化，故能不滯不著。既而處順安時，盡天年之性命也。〔註10〕

　　由上表可以看出，第一，1.「彼出於是，是亦因彼」、2.「因是因非，因非因是」的「因」，代表著此一起、彼則並起之相因，即章炳麟（1869～1936）所云：「彼是觀待而起，一方生即一方滅，一方可集一方不可，因果同時也。」〔註11〕此即因果論式的「因」。

　　第二，3.「聖人不由，而照之於天，亦因是也」、4.「因是已。已而不知其然，謂之道」、5.「名實未虧而喜怒爲用，亦因是也」、6.「無適焉，因是已」、

〔註 8〕　同注 5，頁 73。
〔註 9〕　同注 5，頁 83。
〔註10〕　同注 5，頁 109。
〔註11〕　錢穆：《莊子集纂》（台北：東大圖書股份有限公司，2009 年 8 月），頁 13。

7.「和之以天倪，因之以曼衍，所以窮年也」，其「直置虛凝，照以自然之智」、「因而不作，無作無心」、「達者之於一，豈勞神哉」、「無所措意於往來，因循物性而已」、「和之以自然之分，任其無極之化」，則顯示此實踐對象，乃是「自因」與「天道」二重相合的對象，同時，「因」的對象亦為著「因」的實踐才能表現其本質。既然對象是「自因」，便只是收攝回來、在其自己，故「自因」以「和之以是非而休乎天鈞，是之謂兩行」，進而可以泯是非彼此，將分別相剝除；其次，「自因」上推於照之「天道」，故亦如天道之「俄而有無矣，而未知有無之果孰有孰無」，有無始無終、超越因果、含攝因果之性質，這便是莊子順應意義下的「因」。

第三，「因」由「因果」義提升為「順應」義，其順之應之便意味著不作捨離。因此，本文乃從不捨離的現象說起，亦即由「彼是相因」之現象作為辨析入手處。而「彼是相因」表現在人的意義上，第一即是「生死相因」，此又分為兩個向度（死——生／生——死）來討論。兩者雖皆以生死相因之形式，卻又為不同內容。一由死亡說起——即死亡並不是一個否定生的否定項，恰恰是一肯定生的反否定項，正因為著死亡的確立而可以有生的確定性；一則由生之處來說——若人不能安立向死存有的積極意義，便會產生慾望，於是心則跌宕為成心，在追求永遠的不足中日益空洞，精神遂為之匱乏、衰亡。第二，則是經驗現象之分化活動，此即指對象化的相反相成之活動，也就是說，所謂經驗表象，皆是相因相成而產生的對象。

然而上述只是「因」在現象上的意義，「因」的對象不同，其「因」便有著不同意義。也就是說，「彼是相因」所「因」之對象乃是經驗現象之對象，故「因」在「彼是相因」上成了現象意義，但在「因是已」則為本體論意義。換言之，只有當「因」的對象超越現象義，才能將「因」的層次向上提升，由「彼是相因」的因果意義，超越為「因是已」的順應意義。換言之，「因」便從是非兩是之因是因非（彼出於是，是亦因彼，彼是相因而生），進入到是其自然之自因（照以自然之智，各冥其分），而後更能無是無非（無即非無，有即非有，有無名數，當體皆寂），亦即從知識論進入了本體論。是故，莊子的「因是已」必由「彼是相因」超越而來，同時透過「因」的轉換，選定恰當的實踐方法〔註12〕，梳理所因之對象〔註13〕。

〔註12〕即第肆章之「無適焉」：無為無待、心齋坐忘之工夫論。
〔註13〕即第參章「因是已」：因形上之有、亦因道之無。

　　下節便藉由「彼是相因」表現在人的有限處——即生命、死亡、欲望與知識的相因分化，從而說人在此處的超越，最後則能復見由超越開展出來的理境〔註14〕。

第二節　彼是相因——相反相成

　　克里希那穆提（Jiddu Krishnamurti, 1895～1986）說：「想了解生命完整的動態，我們必須深入了解三件事情。這三件事情是時間、悲傷、死亡。」〔註15〕人是時間性的存在，正因為是時間性的，故不為那無終無始的永恆，人終有時間的止息，即生命之死亡。然而死亡雖是生命之終點，但並不是人生之目的，因此，向死之事實，或可以給予積極生之動力，反之，若對向死存在付之以消極的態度，而與真我產生隔閡，伴隨的便是悲傷痛苦，其生命之生機即轉入沉沉之死寂。是故生與死，誠然有一相因之關係，同時，在生命歷程中，那時間之流上的所構成的種種現象，亦同為一系列相反相成之分化活動。本章遂就「因」的彼是相因之意義，以論述人在此意義上所表現出來的限制。

一、死亡——生活——向生

　　而在思考人的問題之前，首先必須面對的是人最基本的問題，亦即存在的基礎條件：人的物質生命——亦即肉體的死亡、生命的殞滅，這也是思考者對其生命本身的終極關懷。《莊子・養生主》說：「吾生也有涯」，便暗示著「生命現象在『生』出現的同時就已經包含了『死』的潛在因素」〔註16〕，換言之，誕生同時確立了死亡，死亡的確立則拉開了誕生的版圖，誕生與死亡都屬於人生的一部分，合起來才是人生的全部，故曰：

　　　　一受其成形，不亡以待盡。（〈齊物論〉）

（一）由死見生

　　「一」，代表開端，「受」，即代表著生命被賦予的被動性，「形」，則代表著具體生命的物理性質。一旦生命有了開始，便附著物質性的肉體而成形，

〔註14〕即第伍章「真、善、美、聖」之理境。
〔註15〕克里希那穆提（Jiddu Krishnamurti）著、廖世德譯：《生與死》（台北：方智出版社有限公司，1995年11月），頁9。
〔註16〕李霞：〈老莊道家生死觀研究〉，安徽大學學報（安徽：哲學社會科學版，2007年11月），第31卷，第6期，頁17。

這個形乃被動的、被決定的事項，並且決定後無法再改變。同時，由物質構成之物，更暗示著不可能有絕對的完美，正因為物質之物乃會隨時間變化而產生質變、毀壞，乃至死亡、消失。因此，「一受其成形，不亡以待盡」這件事實乃顯示三個意義：第一，生命是被動的，無法決定生命始否、以及始於何處，亦即，人對生命的開始是毫無選擇的、被動的；第二，形體不能久常，它的消散是必然的，也就是說，其形體乃伴隨生命力而成長，故亦將隨著生命力之逝去而滅亡，因此形體有其存在的一定限度；第三，生命的開展，必然伴隨著死亡的未來，蒙田（Michel de Montaigne, 1533～1592）說：「即使在出生時，我們就面臨死亡；從起點就開始了終點。」〔註 17〕換言之，對生命的必然接受，同時也代表著對死亡的必然接受。

因此，紀伯倫（Khalil Gibran, 1883～1931）說：「你們想知道死亡的秘密，可是你們若不在生命的核心尋找，怎麼找的到呢？……因為生死同體，就像河海是一體的。」〔註 18〕克里希那穆提亦說：「生與死一體，兩者關係非常密切。你無法將其中之一獨立出來，單獨來了解」。〔註 19〕生命的是立體而多元的視角，只願意了解、接納生或死的單獨一面，就彷彿如一平面結構，無法使之立體起來，只有生與死兼具的生命，才是完整的生命結構與實相。換言之，生與死就如一條線段上之始終，有生命之生，便有生命之滅，兩者相反相成，互為一體，至始至終保持著前進，換言之，生命就是向死的旅程，而向死的生命才為完整的生命過程。其以始、終為點，向死存在為線，這過程中所展開的曲折則成了面，生命之全體，便是依此點、線、面而展開，因此要了解生的真相，便不得不了解死的事實。

然而死亡的本質是什麼？人的物質生命屬於現象世界的一部分，由物質所構成，物質能再細分至分子乃至原子，「每一個次原子的互動，都包含原來粒子的毀滅和新粒子的毀滅和新粒子的產生。次原子是藉不斷在生滅，質量變成能量，能量變成質量。稍縱即逝的形狀突然出現，又突然消失了，創造一種永無盡期、永遠創新的實體。」〔註 20〕死亡正和誕生一樣，充滿著神

〔註 17〕 歐文・亞隆（Irvin D. Yalom）著、易之新譯：《存在心理治療（上）死亡 Existential Psychotherapy》（台北：張老師文化事業股份有限公司，2003 年 09 月），頁 64。

〔註 18〕 紀伯倫（Khalil Gibran）著，宋碧雲譯：《先知——紀伯倫的永恆之歌》（台北：志文出版社有限公司，2007 年 8 月），頁 116。

〔註 19〕 同注 15，頁 19。

〔註 20〕 引自索甲仁波切著，鄭振煌譯：《西藏生死書》（台北：張老師文化事業股份有限公司，1998 年 6 月），頁 44。

性的創造與不可思議，故聖經《舊約・創世紀》說：「因為你是用塵土造的，你還要還原歸於塵土。」但人的意義決不只是那物質生命，其死亡對於人的意義，也不僅是物質生命殞滅如此單純，除了生命物質，人還有其可貴的精神生命。死亡對物質生命的意義是消極的，但對於精神生命的意義，卻可以翻出積極的意義。誠如莊子，並未否定肉物質生命之消極面，但卻從這消極面提出死生相因之觀點，使死亡不僅僅只是物質生命向死的消極意義，而是可以由之轉化、超越為精神生命向生的積極意義。以下試論之。

（二）向死存有

而所謂「不亡以待盡」，正一如海德格（Martin Heidegger, 1889～1976）在《存有與時間》中所說的：「生命即是向死存有」（das Sein zum Tode），故而，人是絕對地向死的存在，向死存有的生命在人類身上則表現出了幾種特性，也因為這些特性，而使人類對死亡產生恐懼與怖慄。

第一，是死亡的普遍性。美國獨立宣言（The Declaration of Independence）開頭就說：『上帝造人，生而平等』（All men are created equal）。死亡作為人之為人的基本條件之一，其個體皆有死亡，由不同的生之曲折，朝向相同之目的，皆是殊途同歸，故死亡乃非人之能事，乃天之所然；而這便是第二點，即死亡的必然性。在生命開始時，死亡便作為生命得以向前延續的條件存在了，個體最終必須了解生命的尾端必定將與死亡妥協。但儘管確定了死亡的必然，知道生命終有死期，人還是難以認清，並不願接受此必然之事實，這是一方面人類對永恆的事物總是懷抱著希望與憧憬，然而死亡所帶來的，卻是與那永恆反義的無常與短暫，如「朝菌不知晦朔，蟪蛄不知春秋」〔註21〕、「夏蟲不可語冰」〔註22〕，都再再揭示著生命的渺小、短暫，無論是存在的空間或時間，比之洪荒為沙，比之蒼海為粟，皆是微乎其微；第三，即死亡的虛無。雖生時短暫，然而死亡卻會很久，或也算是一種永恆的形式，但這樣永恆形式的內容卻與生命永恆的意義不同，死亡永恆乃象徵著事物的狀態歸零，亦即虛無、沒有，但生命永恆象徵的卻是代表事物狀態的持續飽和。但另一個原因，也是因為人將生命視作「與肉身相依為命的生命」，若將生命視作不滅的靈魂，那麼死亡又何嘗不是生命的延續、靈魂的永恆呢？；第四，即死亡的無實體性。死亡是一種非實體的存在，換言之，它剝奪了人的行動

〔註21〕同注5，《莊子・逍遙游》，頁11。
〔註22〕同注5，《莊子・秋水》，頁563。

能力與自由意志——行動和精神必寄託形軀而有所發揮，而人之所以可貴處便在於人的自由意志，這個最高的原則及行動力被剝除後，人便不再之所以為人；第五，是死亡的偶然性。人永遠不知將為何死亡、何時死亡以及如何死亡，換言之，死亡是無常的，在有限生命限度內，死亡可能以任何形式隨時隨地發生，比起向死的必然，似乎代表著個體除了喪失選擇不死的主動權之外，更能輕易被死亡所隨意挑選、操控；第六，是死亡的無時間性。生命經驗乃伴隨著時間而經驗，對於缺乏時間形式的事物，人類無法將之作為經驗而感知，而死亡則移除人了的先驗認知結構，打破了人習以為常的存在的時間與空間概念。其次，相對於生命裡與時間相依附的雜多比起，在沒有時間條件的死亡裡，是一片虛無與荒涼，人因此無所適從。換言之，退出時間之流，在時間之外，意味著對世界不再參與，沒有了自我的位置，便無法再感知、感受世界——周遭的客觀世界或主觀的自我世界，甚至連自我的意義也被剝除，唯一僅有的就是更空洞的空洞、更虛無的虛無；第七，死亡是一次性的，這表示肉體真正的死亡經驗只有一次，除了無法死而復生，亦無法向其他個體傳達死亡歷程，同時也表示生命永遠無法真正了解死亡之真相；第八，是死亡的孤獨性。死亡乃孤獨之經歷，死亡之經驗乃個人一己之經驗，生命個體都必須單獨面臨必然的死亡程序、承擔死亡；第九，則是人永遠不確定自己死亡後將要往何處去，死亡以後一無所知的方向、居無定所等等，這些對死亡世界的想像、揣測比起死亡當下更令人感到惶恐懼怕。

於是，面對死亡的普遍性、必然性、虛無性、無實體性、偶然性、無時間性、一次性以及孤獨性所採取的態度，有存而不論的態度者，如當子路問死，孔子答曰：「未知生，焉知死。」〔註23〕孔子將死亡的存在暫時擱置，直接轉化為對生的積極，但並未使死亡的事實消失，故子曰：「不知命，無以為君子也。」〔註24〕因此孔子並沒有否定死亡，在顏淵死時，孔子也感嘆曰：「天喪予！天喪予！」〔註25〕，並將一切歸之於天命之常，不可拒迎；或如道家視死亡同生命一般的自然觀，直視生死變化為自然變化之一，生命作為天地自間的一部分，當然必須同自然有生、衍、消、滅之序，故《莊子‧大宗師》

〔註23〕 【宋】朱熹：《四書章句集注》（台北：大安出版社，2006年8月），《論語‧先進》，頁172。
〔註24〕 同上注，《論語‧堯曰》，頁273。
〔註25〕 同注23，《論語‧先進》，頁171。

曰：「死生，命也；其有夜旦之常，天也。人之有所不得與，皆物之情也。」；
或如《繫辭上傳》說的：「原始反終，故知死生之說。精氣爲物，遊魂爲變，
是故知鬼神之情狀。」視死生爲氣物之變化，乃一終始之循環，故北宋・張
載（1020〜1077）曰：「太虛無形，氣之本體。其聚其散，變化之客形爾。」
〔註26〕〈知北遊〉亦曰：「人之生，氣之聚也；聚則爲生。若死生爲徒，吾又
何患！」，將生死比作氣之聚散；或是佛教中以業（Karma）、因果輪迴來解釋
死亡與生之間因緣聚合之關係；或是西方基督教以靈魂永恆解釋死亡如回家
（home），諸此種種就像馬爾庫斯・奧列里烏斯（Marcus Aurelius, 121〜180）
所體會到的生命對死亡的不可違逆，在《沉思錄》他說：「你的眼睛所能看到
的一切不久就要消滅，看著那一切消滅的人們同樣得不久也要消滅；在儕輩
中後死的人和那些早夭折的人在墳墓裡是一模一樣的。」〔註27〕總而言之，
死亡並非無中生有，它實際上本來就有，作爲生命開始並得以向前推進的條
件，它是必然的存在，只是此存在潛存於生活表相之下，隨著時間過去而越
來越清晰，恰如齊克果（Soren Kierkegaard, 1813〜1855）所說：「昆蟲在受精
時死亡。與此相同，人生一切的幸福與最愉悅的時刻，都有死亡相隨。」〔註
28〕但無論如何清晰，直到面臨死亡的前一刻爲止，人也只能在生活中體會它
的隨時而侍，因爲「對意識來說，自己的死亡永遠不可能成爲清楚的對象」〔註
29〕。因此，對於從未經驗死亡，且眞正的死亡經驗只允許一次的個體而言，
眞正理解死亡的本質是不可能的，人只能靠著猜測、推述甚或想像來建構、
模擬。然而莊子所嘗試提供的方式，並非直接解開生死之謎，而是試圖以生
死相因的辯證，而使個體面對它、接受它。

（三）生死相因

> 故曰彼出於是，是亦因彼。彼是方生之說也，雖然，方生方死，方
> 死方生。（〈齊物論〉）

「彼、是」在莊子爲一組相對之概念，意指事物之成立，乃同時造成一對立
之成立，故謂彼是同出於相反相成。因此，對生而言，死亡之生乃是生之死

〔註26〕《張子全書・正蒙・太和篇》，卷二。

〔註27〕Marcus・Aureliusk 著，梁實秋譯：《沉思錄》（台北：協志工業叢書出版股份
有限公司，民國四十九年五月），卷九，第三十三，頁90。

〔註28〕轉引史文德森（Svendsen, Lars Fr. H.）著，黃煜文譯：《最近比較煩——一個
哲學思考》（台北：商周文化事業股份有限公司，2009 年 02 月），頁 127。

〔註29〕同注 28，頁 129。

亡，對死亡而言，生之死亡乃是死亡之生，故曰：「方生方死」，「方」者，成玄因注：「方將也。」亦即將生將死，即生即死，有死才有生，有生則必然有死。換言之，生與死乃是建立在相反相成、相依相待的基礎上，生的終結予死亡以起點，反之，死亡亦支撐起生之過程。是故，在相反相成的意義上，死生乃爲互倚而立，彼出於是，同出於一的，而這便是說，生命之終固然有死，然而正是這生命的向死性格所以推動著生命前進。因此，在相反相成之意義上理解生死之關係，不啻面對死生異狀最好的態度，是以莊子曰：「生也死之徒，死也生之始，孰知其紀！」〔註30〕這是莊子「生死相因」的第一個意義與提示。第二個意義，則是「生死物化」，此待第伍章說明。

是故，當主體將對死亡的茫然轉換爲坦然，也就能順而將死亡的消極轉爲對生活的積極。換言之，一有限之生命，必然有死亡的終極限制，但在這終極限制內，人類還是能設法獲取最大之自由，而不全然地被死亡所奴，這解決方式便是對生活的投入與實踐役——也就是在趨近死亡的過程中，將其轉換爲如實生活的努力過程。當對死亡的必然性、無時間性、去人化、偶然性、荒蕪虛涼、一次性以及孤獨性之應變，轉換爲探討生命本身是否妥適於生命之變化，便能將對死亡的消極一轉而爲對生命之積極。因此維根斯坦（Ludwig Wittgenstein, 1889～1951）說：「在你人生中看到的問題，其解決方法正是一種生活方式，它能讓有問題的事物消失。」〔註31〕。是故，正確理解死亡的方式，不應該是去分析無法眞實經歷的死亡經驗或實際去體驗死亡，如果個體在客觀上無法擺脫死亡的必然，那麼就應該在主觀上設法超越它，這也是莊子在生死相因中，對生死的態度。

郭象曰：「夫死生之變，猶春夏秋冬四行耳。故死生之狀雖異，其於各安所遇，一也。」〔註32〕生命主體對死亡的超越，並非客觀的超越，而是對死亡以一種隨遇而安的主觀心境因應之。正如客觀的自然世界，夏之死秋之方生、冬之寂則春之漸暖，其四季之變，乃作爲天候之循環，完整了氣候的樣貌，而生死之行，則作爲生命週期的循環，完整了生命。四季更迭是自然，死生交替亦是自然，而生命只能不斷向前實踐著過程的變化，如此才能把生命意義如實顯現出。於是莊子便在此處，將對向死之理解，一轉而爲對生之實踐，將對死之消極，超越爲對生之積極。

〔註30〕同注5，《莊子・知北遊》，頁733。
〔註31〕轉引自注28，頁195。
〔註32〕同注5，頁67。

故「不亡以待盡」之「待」，從物質層次上來說，固然呈現著消極的態度，等待器官機能的停止，等待肉體的分解；然而從精神層面上來說，則可以不必是消極的態度，而是從死亡的消極面中，轉化為生之所以向前的動力，換言之，「向死存在」即是給予了生命一個「向」的前進。是故，死亡作為生命所始之條件不是偶然，而是為了給生命一更積極之理由，將必然向死的生命翻越為實踐如其之生的生命，以如實實現人的存在，安立生命之妥實。正如聖奧古斯丁（AureliusAugustinus, 354～430）所說：「只有在面對死亡時，人的自我才會誕生。」職此之故，死亡的意義，便不再只在是字面上之意義，而是在於整個的生命向死的生活過程。因此，蘇格拉底（Socrates, 469～399 B.C.）說：「正確地從事哲學活動，就是實踐死亡（“Doing philosophy in the right way is practicing death.”）。」真實之生活乃是死亡與生命相互交織而鋪構，無論是動態的或靜止的生活態度、或積極或消極的生活模式，死亡都將必然地以偶然的方式來臨，在必然地預料之下瓜分所有生的渴望。但正是這死亡的必然，而使人得以擁有向死存在之能，開拓生之版圖；亦正是死亡它的偶然性，而使人得以思考死亡，進而反省生命意義，將對死亡的認識轉為對生活的實踐，轉消極為積極，反過來對有限的生命更加專注、投入生活。因此實踐死亡，反過來說也就是要實踐生活，這便是對於死亡的正確態度，也是對生命積極之態度，依此也才能展現生命之整全。

克里希那穆提說：「如果我們能夠好好的活每一天，把每一天好好完成，把明天當作嶄新的、新鮮的一天來過，我們就不會再害怕死亡。每一天都對我們得到的東西、我們所有的知識、所有的記憶、掙扎，死亡一次，不把它們帶到明天──這裏面有的就是美；即使其中有結束，其中也會有更新。」〔註33〕人的可貴處不在能如何長生不死，而是不被這必然所奴役，而從必然裡創造出新義。換言之，也就是在生死的彼是相因處，進而由死亡存有的消極意義上，翻出生活必然如實展開的積極意義，使人能超越死亡所帶給人的死亡恐懼。因此，死亡雖是生命之終點，但並不是生命的目的，這便是莊子哲學中「生死彼是相因」的第一層意義。然而，死亡並不是莊子生命哲學的終點，反而正是一展開。莊子面對生死相因的進一步的超越在於「生死物化」〔註34〕。

〔註33〕同注 15，頁 234。
〔註34〕見本文第伍章第二節：「生死物化」。

二、生──慾望──向死

生命爲向死之存在，乃「一受其成形，不亡以待盡」，但即使人對生命之始終毫無選擇性，人仍能以其自由意志，賦予生命本身在其之中以選擇。亦即說明，人存在的可能性──自由意志本身，即給予了人存在的可能──意味著人該怎樣地如實生活。換言之，存在的可能是依照存在本身的可能性去實現的。是故，眞正向死的存在，並不是純然的生命向死，而是生命藉由向死之必然，爲之投入生命向死的積極意義。反之，若投入向死消極，便成了純然的生命向死，純然的生命向死，即是在對死亡產生怖慄，表現此懼怕，然而此懼怕並不作爲一提升生命層次的催化而存在，生命苦難於焉而起。

> 與物相刃相靡，其行盡如馳，而莫之能止，不亦悲乎！終身役役而不見其成功，苶然疲役而不知其所歸，可不哀邪！人謂之不死，奚益？其形化，其心與之然，可不謂大哀乎？人之生也，固若是芒乎！其我獨芒，而人亦有不芒者乎！（〈齊物論〉）

人的向死存在，每一階段自有每一階段之趣味與課題。老去的生命〔註35〕，並非只能展示爲純粹地衰老，在此如有一反省的能力，則恰好能反過來理解，其生命正因向死而有所前進，在這個意義上，因此更加努力如實生活，將物質生命之消極轉而爲精神生命之積極，使生命價值提升。反之，若未嘗反思死亡對於精神生命存在之正面意義，向死存在便不再作爲生命意義之提升──即上節所說的「從死亡必然中止的消極意義上，翻出生活必然如實展開的積極意義。」──而以慾望來掩蓋向死怖慄，並誤置爲生命能量之來源，則向死存在之正向意義便即刻瓦解，取而代之的，則爲欲望帶往的「與物相刃相靡，其行盡如馳，而莫之能止」之生命向死。是故，人的存在，遂成了逐漸物化（reification）、去人化（dehumanization）的生命，並喪失生命之所以爲生、實踐生「活」的意義，反而把生活活成一片「死」寂，則儘管依附著物質生命，又復與死亡何異？

是故，意識死亡，可以帶來兩種結果。第一種結果，是正向地知，知道透過死亡，能使生命從而完整，而透過死亡的逼迫，激發出眞實的自己，了

〔註35〕 「年老並不只是衰老。它是成長，它不只是你年復一年離死亡愈近的消極面，年老也是你了解到你將要死亡的積極面，而你因此更懂得好好過活。」米奇‧艾爾邦（Mitch Albom）著，白裕承譯：《最後十四堂星期二的課》（台北：大塊文化出版股份有限公司，1998 年）。

解「死亡確實地是可以把人自一種沉淪於日常生活之中提拔出來，它使人認識了自己的獨自性，把世界中的手邊存在以及其他人與 Dasein 的關係切斷。因此，在面對死亡時人可真正的面對自己。」〔註36〕；第二種結果，則是忽視了死亡本身所給予人的正向意義，轉而逃避面對死亡之事實。當死亡的恐懼、焦慮、悲傷不斷被壓抑、逃避，於是人便進而沉淪在日常世界裡，而此沉淪乃「意謂著永遠伴隨著世界的存在，它的關注力永遠會謂世界所吸引。然而，這種被世界吸引卻意謂著另一件事。這是，這種被吸引常常會變成『喪失自我於公眾之中』。」〔註37〕換言之，亦即意謂著「在『日常性』的活中，Dasein 很容易過著一種不眞實的生活（imauthentic life）。所謂不眞實的生活就是一種不作自己獨特的選擇的生活，而僅止附隨著大眾的意見。」〔註38〕因此，生命於是成了一種喪失自我的不眞實的荒謬、虛渡之過程，不再向內尋找意義，而是向外追尋其它存在來填充自我意義的缺乏，選擇了另一種方式維持著自己的存在，由是，內在匱乏的恐懼遂轉爲外求的需索。

　　其次，向死存在的生命量度，包含著太多偶然與變數，進一步，若以佛家的「法緣空」來看，一切現象皆因緣聚會而成，故緣會而成之法不眞，但卻又確實是緣會而成，故亦不假，但在不假不眞中，其只歸結於空性。換言之，現象之生滅乃是一無自性，亦即現象必須受制於諸多條件，以此緣會而成，故亦非人之意所能決定、操控及改變。是故，當向死性質之無法改變、未來之不可預測、命運之不可操控、生命之不可重複，人意識到除了選擇服從，隨之流動、變化、遷就之外，似乎毫無籌碼，故而陷入巨大的虛無怖慄。若此時無相應的生命態度將之轉化爲積極地如實生活，反之應以消極的態度來逃避向死之事實、徬徨不安，進一步便會產生與之相反且強大的需求，以填充虛無怖慄所帶來的缺乏，此即是所謂「慾望」。

　　所謂「慾望」，即人生之而有所欲，適當的欲爲需求，過度的需求，則爲慾望。適當的需求乃生命之延續，而過盛的需求成了慾望，遂爲生命之潰散。《道德經・十二章》曰：「五色令人目盲；五音令人耳聾；五味令人口爽；馳騁田獵，令人心發狂；難得之貨，令人行妨。」貪欲的無窮無盡，毫無聲色、日積月累地扭曲人的意義，使之去人化、物化，進而讓欲望領導了生命取向，

〔註36〕蔡美麗：《海德格哲學》（台北：環宇出版社，1972 年），頁 93。
〔註37〕《Sein und Zeit》，P175，轉引自蔡美麗：《海德格哲學》（台北：環宇出版社，1972 年），頁 83。
〔註38〕同注 36，頁 81。

凌駕了心性，隨其坎陷為成心〔註 39〕，追求永遠的不滿足。於是，生命在徒勞的追求中變得空洞、貧乏，生活茫然、渾噩，腐蝕其本來的純眞、恬適。

　　由此可見，欲望的生命力，乃直接由死亡的恐懼獲得。然而慾望正如同火把，用薄一點的紙去包覆它，可以暫時包住火，但是掩蓋住火的時間十分短暫，若用厚一點的紙包覆它，則同樣可以包住火，只是耗時較長。然而，紙終究是包不住火的，且那不斷加上的包覆，反而使欲火獲得熱能，得以維持其燃燒。由此可知，透過欲望獲得的滿足與平靜是短暫的，當滿足漸漸消失，欲望之火又復燃起，人又有了更多的需要。正是因為無法完全平息欲望，所以人總是耗盡心神，日復一日，向外追尋欲之所望來安撫那無止的欲求，卻不知反而壯大欲望，使欲望成為了自己的主人、使精神成了物質的奴隸，這是極為不自然的。同時，一旦欲望無法得到滿足，人除了一方面徒勞無功地汲汲營營，一方面則對欲求之渴產生痛苦感，這正是因為欲望的永無止息，正指向了人生的本質——苦。佛家語曰：「有漏皆苦」〔註40〕，簡單來說，有漏即謂有所執，即因其所欲之需要，而執著於其需要，「生命有『意欲』，而一切現象及活動中，意欲永導向一『苦』。」〔註41〕意欲的生命，即是連續的苦的片段所構成，包含著對生命有限的不屈服，例如希望長生不死，故由之貪生怕死，以及生理上的需要，如人求飲飽食足，如其不得，飢餓之苦則至。而除了生理的基本需求，進一步壯大之欲望，更復使生命陷入求不得之苦難，《史記·伯夷列傳》曰：「貪夫徇財，烈士徇名，夸者死權，眾庶馮生」，欲望之心，復求外物種種，其故如是。因此，以向死消極來看人的一生，人的本質上即是苦難的。而這苦的揭露如同死亡本身，使人感到空虛、無力，因為它從生命開始之初，就在那裏，這是伴隨生命而來的考驗，須藉由生活上的修行來克服。若反之以壓抑，不由根本上面對，反而求其慾望之樂來滅本質之苦，乃本末倒置，並不能使苦平息，亦不能使心靈平靜，因為「『樂』依苦而立，……反觀『樂』之成立，則『樂』顯然只是『苦』之停止或移除。」〔註42〕也就是說，欲望之樂是短暫的，並且那欲望是不斷更新的。佛教說：「諸行無常」，正是說其「意欲本身變異不定，時時

〔註39〕見本文第參章第一節之一，現象之有的第三點關於成心之論述，以相互參照。
〔註40〕佛教四法印曰：諸行無常、有漏皆苦、諸法無我、涅槃寂靜。
〔註41〕勞思光著：《新編中國哲學史（二）》（台北：三民書局股份有限公司，2007年 1 月），頁 193。
〔註42〕同注 41，頁 191。

落在新需求上，使自身限於某一『苦』中。此種變異即說爲『無常』。」〔註43〕
是故，欲望不曾眞正止息，乃一處滅另一處則起，因此，人對欲望的追逐往往
落後欲望的更新，故「得此不休，復逐於彼」〔註44〕，永遠不能得到眞正的滿
足。最後，人完成的只是欲望的存在，而不是完成人自身的實在，且這欲望的
存在更只是時時落空的存在，是虛在，不是實在，而人的意義也將爲欲望之意
義所取代，故而，人的價值便落於外在之物，而非自身之內。

　　然而，人的生命意義，乃在其自己之如實生活，而並非在其慾望之填充，
欲望的填充是空洞的填充。是故，若以慾望爲生命意義之內容，則永遠無法
使生活如實，反而將使生命增加內在的衝突，並耗弱其精神能量，使自我更
加空洞，此即克里希那穆提（Jiddu Krishnamurti）說的：「生活就是活動，一
連串持續的、無止盡的活動，直到死亡。出自慾望的活動是扭曲的、受限的。
此種受限的活動，無可避免的會帶來不斷的衝突。」〔註45〕故欲望非但不能
填充生命的虛無，外在的求不得反之製造了生命內在的糾結及矛盾，遂成了
物化的生命意義。欲望的滿足成爲生命的匱乏，使人的意義更加飄渺，而虛
無更加虛無，最後精神生命被掏空，遂下降於物質生命之層次。換言之，物
質生命外在地衰退（色衰），其精神生命亦內在地衰退（神弛），即「心形並
馳，困而不反」〔註46〕。莊子便感嘆這樣的生命情態，故曰：「人謂之不死，
奚益？其形化，其心與之然，可不謂大哀乎？人之生也，固若是芒乎！」其
神形俱昧，不亡實而若死，正是對生命的一種凌遲。

　　因此，即使人的存在固然只是一無限時間中的有限生命，充滿不確定、
未知與變數，以及有著向死存有的必然，然而人有與生俱來的自由意志、精
神自由，這自由意志即人存在之可能的可能性。換言之，人的存在正由人的
這可能性而實現，而此可能之實現便是透過如實生活來進行，此正是人內在
的無限性之所在與天賦。然而，若爲了排解對生命向死之無力與畏懼，而選
擇捨棄那自由意志之珍貴，取而代之以無止盡之慾望，製造短暫歡於以抵除
這些痛苦、填滿虛無感，則便是反其道而行，不但無法超越有限性，更相反
地將自我推向有限的深淵，無以復加。是故，克里希那穆提說：「追求滿足就

〔註43〕同注41，頁192。
〔註44〕成玄英疏曰：「夫物浮競，知足者稀，得此不休，復逐於彼。」同注5，頁60。
〔註45〕克里希那穆提（Jiddu Krishnamurti）著，謝阿彌、鹿野譯：《克里希那穆提最
　　　　後的日記》（台北：大塊文化出版股份有限公司，1995年11月），頁132。
〔註46〕郭象注「其形化，其心與之然，可不謂大哀乎？」同注5，頁61。

恐懼死亡。滿足沒有止境。慾望是不斷的追求，又不斷的改變滿足的目標，所以就陷在時間的網裏面。」〔註47〕欲望的無常，以及對死亡的的恐懼，兩者乃互為因果，逃避或滿足之中任何一個，皆亦不得從中解脫，反至痛苦更苦、虛無更虛無。誠如紀伯倫所說：「匱乏的恐懼本身不是匱乏又是什麼？」〔註48〕恐懼這生命向死所帶來的時間的匱乏，正代表了生命本身的匱乏，因為恐懼生命的虛無，故以欲望填充為生命的實質，然而這匱乏的填滿，僅只是暫時的填滿，其實質是虛的。換言之，匱乏之苦的消除只是暫時的消弭，很快地，匱乏將重新吞噬滿足，欲望又再度死灰復燃，如此循環往復，莫之能止，故不過得一「終身役役而不見其成功，苶然疲役而不知其所歸」之人生，則如何不是生命之大哀？

綜而言之，向死存在的消極性，其乃欲望凝結之習氣，使生命陷入彷彿與死無異的生命坎陷，故曰：「近死之心，莫使復陽也。」〔註49〕即如蒙田（Michel de Montaigne, 1533～1592）說的：「你生活的一切，是從生命那裡竊取的。你活著是對生命的侵害，你一生中不斷營造的，是死亡。當你在生命中，你也是在死亡中。當你不再活著時，你的死亡也過去了。」〔註50〕；反之，向死存在的積極性，其所提供的則是如實生活的向生之能，因此生命不是荒謬的，並非沙特（Jean-Paul Sartre, 1905～1980）說的：「人生是一場無謂的熱情」，相反地，人在鄰近那虛無的不安時〔註51〕，方能逼顯出真正的自我之可能〔註52〕，以及自由意志（道心）的無限性，如海德格說的：「在日常生活中，我們避而不見自己心中的不安感，而設法用世界的事物來填充我們的心靈。然而，當我們面對自己的不安的時候，世界就會

〔註47〕同注15，頁23、24。

〔註48〕同注18，頁44。

〔註49〕同注5，《莊子・齊物論》，頁51。

〔註50〕米歇爾・德・蒙田（Michel de Montaigne）著，馬振騁譯：《蒙田哲語錄：對死亡的蔑視》（新北市：遠足文化事業有限公司，民國101年3月），第45則，頁33。

〔註51〕海德格說：「『不安』能把虛無顯示出來。」、「在『不安』之中，一個作為實體（entity）之整體的世界自我們眼前溜走，於是，世界本質上的空無真正地展示出來。」轉引自注36，見頁86，87。

〔註52〕海氏說：「『不安』把Dasein扔到令她覺到不安的對向前面——令它不安的，乃是它的『真實的，作為世界之中的存有的潛能』（its authentic Potentiality-for-Being-in-the-World），——這種作為一個具備著思維能力的實體，本質地，能把自己拋投到多種的可能性之中。」轉引自注36，頁87。

變作虛無。世界被否定掉之後，就再也沒有東西可以吸引我們沉淪，而我們就可以真正地見到自己的真我。」〔註53〕因此，當這洗鍊後的真我再重新返回世界〔註54〕，即能如實生活。故心理學家法蘭克爾（Frank Visser, 1958～）曾說：「活著就是要受苦，受苦是要找到受苦的意義」，在面對生命本身的限制、以及其所伴隨的虛無感及怖慄的同時，生命本身必須設法超越這些受苦的考驗，才能找到生命在精神上的存在意義，而不僅只是停留在物質上的存在意義。因此，如何將向死之生命事實實踐為如實生活的動力，這是第一。其次，如何止息那由消極面而孳生的欲望、並願意承認、面對、正視並承擔人之為人而存在的責任，安立生命，如實而在，便是人這一生最大且必繼之以死的功課與修持。

　　然而，人所犯更大之錯誤，則是又設法以另一不相應之途徑尋求超越——即以有限的經驗之知，追求無限的生命真知，以為可獲得精神生命對物質生命之超越。然而經驗之知乃為經驗表象上之知識，正因為表象，故為時間性的，而時間性正意謂著表象乃是有限之性質。是故，對表象的投入所獲得的亦只為有限的、經驗的收穫，而不是那無限的、超越的實存，因此，即成為以有限追求無限之徒勞，更非但無法突破有限，反而沉淪於有限之競逐而不自知。是故，繼向死之懼怕、慾望之追逐，又復以知識之曲折，而導致真我之坎陷，更加映證莊子所云：「終身役役而不見其成功，茶然疲役而不知其所歸，可不哀邪！人之生也，固若是芒乎！其我獨芒，而人亦有不芒者乎！」下節則試論知識之曲折。

三、經驗知識——對題的對象

　　人的存在是時間性的〔註55〕，在時間裡，由生向死，有著向死存在之特性，故謂之生死彼是相因；而在現象中，其經驗對象，亦因著時間之模式而被感知、經驗，故其現象亦為時間性的。換言之，這時間性僅指作於認知現象之實在，而不是本體之實在，這是因為，時間作為人先驗的感性形式條件，

〔註53〕 轉引自注36，頁87。
〔註54〕 「Dasein 因為對被投入世界之中的自己關心，同時又關注及世界，故此它能導引自己，設計一個世界。」引自注36，見頁89。
〔註55〕 海德格嘗說：「存在與時間乃不可分」。海德格以為時間對 Dasein 的表現是有限的。亦即，Dasein 是有限性的，故時間成為展示一切的範域（horizon）。同注36，見頁56。

爲特殊直覺之模式，與先驗知性範疇作用以關聯雜多而綜合統一，使對象成爲現象之實在而能被現象地經驗與知。進一步說，現象上的對象既不是本體之實在，便無本體之絕對，因此，是相對的、對題的。然而爲了方便經驗的溝通與日常的交流，於是創造了語言、文字及符號〔註56〕。卡西爾（Enst Cassirer, 1874～1945）說：「語言猶如我們思想和情感、知覺和概念得以生存的精神空氣。」〔註57〕索緒爾（Ferdinand de saussure, 1857～1913）也說：「離開了語言，我們的思想就只是一團雜亂無章的東西」〔註58〕，因此，語言、文字及符號毫無疑問是人類最常使用的表達方式，但在語言、文字及符號帶來交通便利的同時，卻也同時表現出了它內在的封閉性，以下試論之。

　　例如，語言所包含的語言內容，乃是由經驗認知所建立之認知系統，而語言的交流則是所謂約定俗成的規約。換言之，語言的溝通與經由語言溝通所獲得的理解，乃建立在共同的經驗認知系統下，即意謂著，「符號的意義常常限制到一種約定記號，一些事物由社會或個人建構起來，並且獲得了那個社會成員約定的或共享的標準意義。符號的這種受到限制的意義與自然記號形成對照」〔註59〕。因此，語言是人爲的、被規範的，而在使用語言時無形中也被語言內所規約的意義系統所規約。是故，語言、及記錄、書寫語言的文字、甚至符號，其意義都是受特定社會意義下的編碼、結構，而不是自然的、空無一物的形式。羅蘭・巴特（Roland Barthes, 1915～1980）在談論到索緒爾（Ferdinand de Saussure, 1857～1913）語言學理論中二分概念的語言結構（langue）時便說：「語言結構既是一種社會機構，又是一種價值（valeur）系統。」〔註60〕並且「語言是一獨立自主的系統，它的意義既不依據現實，也不由說話者的意圖所決定，而是整個語言系統的產物」〔註61〕。換言之，經

〔註56〕 「人類活動的任何方面都可作爲符號，人類的各種感官、嗅覺、味覺、觸覺、聽覺・視覺等都可以在符號化的過程中發揮其作用，它們一方面是符號的製造者，另一方面又是符號的接收者。」引自胡經之、王岳川主編：《文藝美學方法論》（北京：北京大學出版社，1994 年 10 月），頁 267。

〔註57〕 卡西爾（Enst Cassirer, 1874～1945）：〈語言與藝術〉，劉小楓編選：《德語美學文選》（上海：華東師範大學出版社，2006 年 9 月），頁 400。

〔註58〕 同注 57，頁 397。

〔註59〕 見 Peter A. Angeles 著，段德智、尹大貽、金常政譯：《哲學辭典》（台北：貓頭鷹出版社，2007 年 4 月），頁 444。

〔註60〕 羅蘭・巴特（Roland Barthes）著，李幼蒸譯：《寫作的零度》（台北：桂冠圖書股份有限公司，2007 年 4 月），頁 136。

〔註61〕 同注 56，頁 256。

由語言建立的知識系統，很可能是一已被無形中分類的系統，是故「一切言論皆爲一有限系統，一切知識本身皆受到一定限制。」〔註62〕海德格更進一步指出日常生活的語言，甚至遠離語言之初衷，而成爲日常生活沉淪的閒談（idle talk）：「語言的目的本來是開示『存有』的特性，並且將發現的眞理固定化，同時也作爲溝通之用。然而閒聊卻並不交換認和肯定話的對存有的了解，閒聊僅只事聚談。而同時用一些浮泛、不眞實，而不關痛癢的了解來替代眞正的了解。而閒聊且不僅止於口實上的言談……這些浮泛的東西，往往有遮蔽作用，能阻止『存有』自己顯露出來。」〔註63〕換言之，語言文字即表象的知識系統，然而事物的表象只能說是現象上的自身，而非事物眞實之自身，一旦執著於現象浮泛的存在，則存有眞正的意義便越益隱晦。

故〈齊物論〉首以言論爲切入點，闡明表象的分別乃是一種遮蔽，以從名、言概念之破除，進一步由「齊論」之消解向上提升，乃至最後「齊物」的生死物化〔註64〕。

> 物無非彼，物無非是。自彼則不見，自知則知之。故曰：彼出於是，是亦因彼。彼是，方生之說也。雖然，方生方死，方死方生；方可方不可，方不可方可；因是因非，因非因是。（〈齊物論〉）

首先，「彼、是」及「是、非」，在這裡並非指涉正確或錯誤之是非義，而僅表示一相對的概念，用來指稱對題的現象，勞思光（1927～2012）先生說「彼、是」在這裡僅代表一種形式意義，爲一對相反之概念，無一定之內容〔註65〕，因此「彼、是」可以任何相對概念填充爲內容。其次，相對概念之形成，乃是基於對象〔註66〕的意識、認知，在「感覺確定性裡，最重要的是，純粹的存有馬上分裂成爲我們稱爲兩個、『這些』，一個『這個』是做爲『自我』，而

〔註62〕 勞思光：《新編中國哲學史（一）》（台北：三民書局股份有限公司，2005年4月），頁263。

〔註63〕 轉引自注36，頁81。

〔註64〕 客體對象羅包天地萬物，甚至主體之實存（existence），故言論作爲客體對象之一，「齊論」必然包含在「齊物」之內。

〔註65〕 同注62，頁258。

〔註66〕 「對意識所呈現的、意識開始意會到的東西，對象可以指：(1)對意識所呈現的、意識開始會意到的東西。同注59，詳見頁301；(2)是一個主體的意識行動所指向的一切。」詳見布魯格（W. Brugger）編，項退結編譯：《西洋哲學辭典》（台北：先知出版社，1976年），頁290。

另一個『這個』是做爲對象。」〔註 67〕是故，正、反概念形成，即是藉由自我與作爲非自我之分化、自身之肯定與反向之否定而成立。換言之，當意識到「我」，便同時分化出「非我」之概念，亦即，「是」之成立，其「非是」亦同時由之分化而出，於是便形成一組組相對概念。莊子體會到表象在被意識之時，便即刻處於二分的對題使用，故曰：「彼出於是，是亦因彼」，其「彼」與「是」原來同出生於意識之際，換言之，某概念形成某一概念之形成，亦代表著另一相對概念之同時成立，彼此相反而相成，故《道德經‧第二章》曰：「有無相生，難易相成，長短相形，高下相傾，音聲相和，前後相隨」。此恰如黑格爾（Georg Wilhelm Friedrich Hegel, 1770～1831）三元辯證法中，其正論之所以成立，必藉其正反之間的相互矛盾作爲推進，進而爲反論，以反向之程序確立自身。換言之，自身存在必然是由「自身」以及否定自身之「非自身」之成立而成立，亦即，當主體以主觀思維畫分出自身之存在，同時便已劃分出一矛盾且相對於己之客體存在，此相反相成之關係使主體、客體能確立其自身存在，此劃分雖使其穩住存在，卻又使整體存有割裂爲二，成爲主客對立的二元式存有。

> 是亦彼也，彼亦是也。彼亦一是非，此亦一是非。（〈齊物論〉）

同理可證，若某一概念（A）起，則與某概念對反（－A）之概念便循某概念而起，擴而言之，一組由無數概念構成的知識系統，則亦同時成立了一組對反的知識系統，是即所謂：「彼亦一是非，此亦一是非」。故凡一知識系統下之判斷，乃是依所在之系統內建之判斷準則爲依據。換言之，一系統所成立之價值判斷，皆只是據此一系統內成立之價值判斷而已。是故，任一方之系統，就依其而成立之對反系統而言，此之可便成了他之不可，反之亦然，是以曰：「方可方不可，方不可方可；因是因非，因非因是」，其「是非」、「彼此」之成立，乃是各自於各自系統內自成之「是非」、「彼此」，獨爲「自彼不見」，故莊子論諸子百家，正如同面對這些相反相成的對立系統一樣，不取任何一方：

> 故有儒、墨之是非，以是其所非，而非其所是。欲是其所非而非其所是，則莫若以明。（〈齊物論〉）

〔註67〕《Phenomenology of Spirit》，頁 59，轉引自羅伯史登（Robert Stern），林靜秀、周志謙譯：《黑格爾與《精神現象學》》（台北：五南圖書出版股份有限公司，2010 年 12 月），頁 71。

換言之，「彼、是」、「可、不可」誠然屬於立場問題，「是與非是」亦究竟是相對之問題，正如同兩個面對面的人，相互爭論左右方位，然而在彼則見彼，在此則見此，故即使所爭論者固然相同，但卻因其相對立場故，而相互成了相對的爭取，因此爭辨下的結果也是相對的。誠然，在相對的系統中作的肯定，只是相對於彼此的道理，並非絕對真理，這是肇因於兩者各自皆處在互成相反體系裡的緣故，若彼此交換系統立場，則便「自知則知之」。

故顯然經驗的價值判斷、是非之定，乃在乎判斷者的所在之概念體系中，但是與非是、彼與非彼，是相互相生、互以互立的，即一肯定出即有一否定生（如黑格爾的辯證法中的正反對立），而依肯否之系統又相對而生一肯否之系統，也就是說，一個正系統理論之成立，在當下即給予一相反系統之理論之存在。是故，在彼是相因的狀況下，任何知識系統的成立都相對的成立，而非絕對的成立。故可知，每一理論系統裡，皆是自成一系是非，而此是非亦只在此系統裡成立，若之於相對的系統裡，則此是、此非則為彼非、彼是，故曰：「是亦彼也，彼亦是也」，這便是你執你所執，我取我所取的方式下，所造成的「彼亦一是非，此亦一是非」，勞思光先生以其為「概念下之封閉系統」〔註68〕。如此下去，則是與否的價值永遠都只是存在、建基於兩者的相互對待之間，並不代表事物本質之真正的價值判斷。那麼，要繼續追問的是，那「事物的本質之真正的價值判斷」是什麼呢？然而，一旦說明或定義了「物的本質之價值判斷」，此判斷則即刻落入一正反對立的分別之中，一如某一理論的建立，必會同時成立一對反之理論。職此之故，人的思維在成見、理論與知識封閉中，遂造成了培根（Francis Bacon, 1564～1626）「四偶像」〔註69〕之認知陷阱。勞思光先生說：「心靈侷限於此，而不能觀最後知真相或全體之

〔註68〕同注62，詳見頁259。
〔註69〕培根四偶像：（1）種族偶像（Idola tribus；Idols of the tribe）：在自己的常識層面，人人都以為然，不再以個人的獨立思考去追究、所保有的一些沒有經過思考、批判、歸納的知識；（2）洞穴偶像（Idola specus；Idols of the cave）：屬於個人偏見的一種錯誤，有如「井底之蛙」，或可用柏拉圖式的「地窖」比喻；（3）市場偶像（Idola fori；Idols of the market-place）：是關乎語言虐制人心、心意難擺除話語的幻象，屬於人與人之間傳言的錯誤；（4）劇場偶像（Idola theatri；Idols of the theatre）：利用學說來推理，迷信理知某一部分的能力，是與公認思想體系有關係的幻象。參考伯特蘭・羅素（Bertrand Arthur Willian Russell，1872～1970）著、馬元德譯：《西方哲學史（下）》（A History of Western Philosophy）（台北：左岸文化，2005年1月），頁75，以及鄔昆如：《哲學概論》（台北：五南圖書出版股份有限公司，2006年9月），頁85、86。

真」〔註70〕，若以彼此之定名爲必然，則不能見物之自己，彼是之名皆是假，心靈侷限於此，即是心靈惑於相對的必然。東晉‧僧肇（384～414）甚至以爲物亦非真，只純然緣會聚合，《不真空論》說：「《中觀》云：『物無彼此，而人以此爲此，以彼爲彼。彼亦以此爲彼，以彼爲此。』此彼莫定乎一名，而惑者懷必然之志。然則彼此初非有，惑者初非無。既悟彼此之非有，有何物而可有哉？故知萬物非真，假號久矣。」彼是分別如是相對而不定，甚至虛幻而假，是故，莊子不以諸子百家任何一方之說爲然。因此，百家之爭鳴抨擊、諸子之遄斷是非，在莊子看來這些辯論不過都是依其各自知識系統內所做的概念遊戲、知識競逐，其所繩準者皆只是單一系統內之標準，非絕對之標準。換言之，諸多知識系統之標準下之爭論結果，也只是相對的結果，並非絕對的結果與真實。故莊子曰：

> 既使我與若辯矣，若勝我，我不若勝，若果是也？我果非也邪？我勝若，若不吾勝，我果是也？而果非也邪？其或是也，其或非也邪？其俱是也，其俱非也邪？我與若不能相知也，則人固受其黮闇。吾誰使正之？使同乎若者正之，既與若同矣，惡能正之！使同乎我者正之，既同乎我矣，惡能正之！使異乎我與若者正之，既異乎我與若矣，惡能正之！使同乎我與若者正之，既同乎我與若矣，惡能正之！然則我與若與人俱不能相知也，而待彼也邪？（〈齊物論〉）

既然相對的知識是「自彼則不見，自知則知之」〔註71〕的，那麼事物之是非、彼此之分，也只是仁智各見的相對分別，並不是絕對之分別。是以，「既使同乎若者正之，既與若同矣，惡能正之！使同乎我者正之，既同乎我矣，惡能正之！使異乎我與若者正之，既異乎我與若矣，惡能正之！使同乎我與若者正之，既同乎我與若矣，惡能正之！然則我與若與人俱不能相知也，而待彼也邪？」這樣的結果，正是因爲「知識系統往往是人爲的系統和封閉的系統，偏執之即造成道的異化。」〔註72〕正如指稱某個事物時，若自其特殊、單一性質而視之，則會產生相異的特性及差別，即所謂分別。然而，若由分別相

〔註70〕 此即「道隱於小成」。同注 62，詳見頁 256。

〔註71〕 這裡的「知」：有作智慧解，「知道自己」爲舊著作，詳見勞思光：《新編中國哲學史》（台北：三民書局股份有限公司，2005 年 4 月），頁 258；也有以「知」爲「是」之訛誤者，與上句互文，見牟宗三（1909～1995）講述，陶國璋（1955～）整理：《莊子齊物論義理演析》（台北：中華書局，1999 年 1 月），頁 71。

〔註72〕 陳德和：《道家思想的哲學詮釋》（台北：里仁書局，九十四年一月），頁 153。

向上提升，便會從各個差異中，產生交集的共相。例如，織品布料，就其特質而視之，除了有產地、樣式、價格的不同，進一步，還有材質、紗支數、厚度的分別，這都是分別相，但就其分別相的對象之本質而言，則無論哪一種織品布料，都是統歸於「布」這一對象的概念。因此《莊子·德充符》說：「自其異者視之，肝膽楚越也；自其同者視之，萬物皆一也。夫若然者，且不知耳目之所宜，而遊心乎德之和。物視其所一而不見其所喪，視喪其足猶遺土也」，以對待之心來判斷，則判斷皆是對待之心對待下的結果，而不是物之客觀、真實，惟有放下對待之心，以道心觀萬物，使物如其自己而立，則我不再以我為我，也不以他物為物，便能從物我間將對待、分別剝落，而能開物我同化之境。這就好比一幢房子，由屋簷處見，則以為此三角便是房子的造型，由牆處見，則只能見到一片四方，若由高空俯視，則只能見一點。因此，事物之一部分固然是一部分之事物，但並非事物之全部，若只承認所獲得的事物的部分資訊而否定事物的另一部分資訊，那麼便如同摸象之盲人，各說各話，誠然，此各說各話之知識乃是盲目的，而非全體大明之智慧。

莊子進一步說明各說各話造成失之一偏的狀況：

> 齧缺問乎王倪曰：「子知物之所同是乎？」曰：「吾惡乎知之！」「子知子之所不知邪？」曰：「吾惡乎知之！」「然則物無知邪？」曰：「吾惡乎知之！雖然，嘗試言之。庸詎知吾所謂知之非不知邪？庸詎知吾所謂不知之非知邪？且吾嘗試問乎女：民溼寢則腰疾偏死，鰌然乎哉？木處則惴慄恂懼，猨猴然乎哉？三者孰知正處？民食芻豢，麋鹿食薦，蝍且甘帶，鴟鴉耆鼠，四者孰知正味？猨，猵狙以為雌，麋與鹿交，鰌與魚游。毛嬙、麗姬，人之所美也，魚見之深入，鳥見之高飛，麋鹿見之決驟。四者孰知天下之正色哉？自我觀之，仁義之端，是非之塗，樊然殽亂，吾惡能知其辯！」(〈齊物論〉)

上述的「子知物之所同是乎？」、「子知子之所不知邪？」、「然則物無知邪？」、「子不知利害，則至人固不知利害乎？」，這四個問題不出之六合之範圍，而六合之內事物的差別對待，則幾乎都是在概念系統下構成，而依據此系統所做的判斷分別，便形成特定知識體系。換言之，對任何事物的認識，我們總是先覺地以自己的角度、或普遍的經驗建構的常識去探討事物，一開始便有了預設立場，若要問這樣子知識是否是絕對的知識，莊子認為是有疑惑的。在「民食芻豢，麋鹿食薦，蝍且甘帶，鴟鴉耆鼠」之例中，若要論何者為美

味，則首先應以何者爲出發點，以此定義美味，美味才不會失之於特定何者之一偏。莊子又舉例曰：「毛嬙、麗姬，人之所美也，魚見之深入，鳥見之高飛，麋鹿見之決驟。四者孰知天下之正色哉？」其實正色的標準，事實上乃是以人作爲出發點而定義的，若轉換觀察者的立場，則依其立場而產生的判斷、比較以及依此定下的標準，似乎都隨之而變，先前的標準似乎不再那麼絕對了。莊子以此提示了人總活在相對之中，然而在這樣相對的經驗對待中，事物眞能有有絕對的標準嗎？那麼如果捨去觀察者的立場呢？故莊子曰：

> 夫道未始有封，言未始有常，爲是而有畛也。請言其畛：有左，有右，有倫，有義，有分，有辯，有競，有爭，此之謂八德。六合之外，聖人存而不論；六合之內，聖人論而不議。春秋經世，先王之志，聖人議而不辯。（〈齊物論〉）

所謂「有封」，即是有「有」之分別，而其分別實則因對待之心而起，換言之，左、右、論、義、分、辯、競、爭之起，都因其對待心所執之故而成。而聖人與與眾人面對經驗現象之差別，在於聖人受而懷之，眾人受而辨之，眾人有成見，故只能由見之所成者而見其見；而聖人乃落去成見，故而能跳出見之所成者之見而觀全體。因此，聖人對於六和以外之事，即無以證明或是目前尙無法推測的神鬼之事、或直至現代仍持續探究的宇宙科學知識，雖不否定其存在，但因對應之知識不足，故亦不因肯定而去談論；然而對於六和之內的任何事物，聖人則又秉持著談論但卻不任意批評下判斷的態度，作不落成見的觀復與照察。莊子又復以「以非指喻指之非指、以非馬喻馬之非馬」爲例來說明不落成見的論而不議：

> 以指喻指之非指，不若以非指喻指之非指也；以馬喻馬之非馬，不若以非馬喻馬之非馬也。（〈齊物論〉）

若要說明所指之物非所指，不如以非所指之物來說明所指之物非所指，莊子此段指出，與其在自築之理論系統下看事物，即所謂自彼視之，則十分容易流於自我觀點，而不見自我以外的觀點，因此，還不如以非彼視之，即以非自我的角度來評斷，如此，則能自他而知之，比起自彼則不見顯然更具說服力。然而，這並非莊子舉此例的主要用意，這裡旨在提示認知的侷限性、相對性，以及彰顯由這侷限性、相對性所構成的經驗現象知識的非絕對性，故曰：

> 夫言非吹也。言者有言，其所言者特未定也。果有言邪？其未嘗有

言邪？其以爲異於鷇音，亦有辯乎，其無辯乎？道惡乎隱而有眞僞？
言惡乎隱而有是非？道惡乎往而不存？言惡乎存而不可？道隱於小
成，言隱於榮華。（〈齊物論〉）

職此之故，在對題分別下所建構的經驗知識及理論，也只不過是封閉、相對
的知識系統，相對於道的絕對性，相對性的經驗知識並不能給予任何絕對性
眞理的理解。因此，越試圖由相對上追尋那絕對，反而距離那眞理越遠，使
眞理的靠近更加困難。米蘭‧昆德拉（Milan Kundera, 1929～）在《小說的藝
術》《The Art of the Novel（L'art du Roman）（1986）》中便指出：「人們掌握的
知識越深，就變得越盲目，變得無法看清世界的整體，又無法看清自身」，這
裡的知識，指的便是屬於對題的現象上的經驗知識，而以經驗知識追索不屬
於經驗知識範疇的眞理，反而遮蔽了眞理之存在，儘管經驗概念再繁複、精
細亦然。是以，馬爾庫斯說：「不要用太好看的服裝打扮你的思想」〔註73〕，-
眞理不是被知識堆疊的，而是被知識所包覆的，換言之，在追問存在本身的
終極根源以及最高目的因的同時，人類始終是在有限的理性下探求理性界線
外的絕對存在，其理性本身會陷入無止盡的二律背反〔註74〕。那麼，在此有
限的認知條件以及認知界限下，將如何去或用什麼去「認識」整個存有背後
的原因——即眞理或莊子說的眞知〔註75〕——亦即所謂道〔註76〕？又「認識」
後如何去「追尋」？然而，眞知亦並非透過追尋而得，而必須是自我朗現的；
眞知亦並非認識之對象，而是實踐體會之對象。因此，眞知並不能藉由一般
經驗性的理解之方式而獲得，故曰：「道隱於小成，言隱於榮華」。而雖然語
言文字不可否認仍爲傳遞訊息之必要，然而，即使無可避免須透過言詮，莊
子也並非採取長篇大論的理論分析，作知識上的爭辯，而是「以巵言爲曼衍，
以重言爲眞，以寓言爲廣」〔註77〕之形式，使眞正所欲表達的那個眞理，亦

〔註73〕 同注27，卷三，第五，頁17。
〔註74〕 「Antinomies, the four（二律背反：正反命題）：（1）正反論題由時空觀點討
　　　　論世界知有限無限（2）正反論題論及有形整體的分割問題（3）正反論題現
　　　　象所藉以發生的因果律的性質（4）正反論題涉及必然存有的存在問題。」同
　　　　注66，詳見頁43。
〔註75〕 《莊子‧大宗師》曰：「且有眞人而後有眞知」，同注5，頁226。
〔註76〕 「莊子用『道』來指稱他所認識到的終極存在。」崔宜明著：《生存與智慧——
　　　　莊子哲學的現代闡釋》（上海：人民出版社，1997年5月），頁79。
〔註77〕 同注5，《莊子‧天下篇》，頁1098。

即存在的終極知識──也就是那「超形脫相之宇宙整體和大全知識」〔註78〕，
在言詮逐層剝落後所顯現。故莊子雖亦透過言詮，但所謂言詮乃是作為提示，
而終究必須經由消解之工夫來實現。換言之，對真知的掌握必須是拋開邏輯
思維、分析式之途徑，而尋求另一種與經驗認知不同層次的屬於實踐的方式
來觀悟，才能從知識的追求轉而為智慧之朗現。

〔註78〕 「人類認知理性對存在性的把握，總要追根究柢，必然是以終極性和整體性
　　　　為最高目的。」同注76，頁68。

第參章　因的對象——因是已

　　本章討論莊子在面對彼是相因之死生、是非時,如何超越「因」的彼是相因之意義。換言之,亦即探究作為順應、因循意義的「因」,它的對象有著怎樣的形式與內涵。

　　〈齊物論〉裡作為順應、因循意義的「因」,成玄英疏「無適焉,因是已」曰:「因循物性而已矣」〔註1〕,郭象注「因是已,已而不知其然,謂之道」曰:「夫達者之因是,豈知因為善而因之哉?不知所以因而自因耳,故謂之道也」〔註2〕,又「聖人不由,而照之於天,亦因是也」,成疏:「照以自然之智」〔註3〕,故這個「是」作為「因」的對象〔註4〕,不僅僅是代表「照之於天」的天道,一方面也是道心之照下,物物「不知所以因而自因」那在其自己的自然之在,因此可以說有兩重意義。此兩重意義,前者以「無」來理解,此「無」並非意指空無,而是指作為原理原則、物自身之所以能朗現的那抽象無形之道而言;後者以「有」來理解,則須知此「有」與現象意義之有不同,此「有」乃形上意義之有,即作為道心朗照下,物如其自性呈現自己之「有」。換言之,「有」乃作為「無」之所以呈現之落實,「無」亦作為「有」所以顯露之根本,正如《莊子‧大宗師》:「其一也一,其不一也一。其一與天為徒,其不一與人為徒。天與人不相勝也,是之謂真人。」那形上之有,即所謂「不

〔註1〕　【清】郭慶藩:《莊子集釋》(北京:中華書局,2010年11月),頁83。
〔註2〕　同注1,頁73。
〔註3〕　同注1,頁67。
〔註4〕　這裡的「對象」並非對題意義之對象,而是指所因者,但礙於語言文字表達之有限,這裡使用對象作為方便義的表示。

一」，而道即是所謂「一」，惟透過因「有」與因「無」、「不一」與「一」的
互不相勝又爲之契合，莊子「因是已」之眞義，才能幡然朗現。

第一節　因「有」──因「不一」

討論所因之「有」，首先必須辨析「有」作爲「現象之有」和「形上之有」
的不同意義，以避免兩者混爲一談，以明所因之「有」，乃形上之「有」而非
現象之「有」。

一、現象之有

先哲蘇格拉底認爲人必須有「無知之自覺」，即承認人認知能力的有限與
對知識追求的極限；孔子《論語‧爲政》亦曰：「知之爲知之，不知爲不知，
是知也。」第一句的知，即所謂經驗之知，即屬於現象的知識，亦即現象之
有；而所謂無知之自覺，便是承認除了經驗之知，人對於其他一無所知，也
就是不知爲不知，而有了這樣的無知之自覺，那才是眞正知的開始。換言之，
在知無知的同時，知的極限處正好也劃出了那有限之知，即此處所謂的現象
之有。

第一，知的首要極限，便在人的認知結構處。所謂經驗之知，即人藉其
先天的認知結構，按先驗的知性範疇，及感性的直覺模式關涉雜多，綜合統
一而成爲現象的知識，亦即現象之有，但是，那絕對的知並不由經驗之知而
知。是故，人的知之結構，本身即成爲知的第一設限，而所謂無知之自覺，
便是承認此知之極限。

按照康德（Immanuel Kant，1724～1804）對物的看法，物可分爲「物自
身」（ding an sich，das；thing-in-itself）〔註5〕以及「現象」（phenomenon）。「物
自身」乃屬於知性的純思，即是使現象成爲可能的基礎。而物應用於現象，
則又必須有其感性的條件形式，而人的感性直覺即是屬於時間這樣的形式條
件。也就是說，人的知性是屬於概念的、辨解的形式，而其直覺乃是感性的、
且以時間形式爲條件的，故僅能知、覺那依附時間而構成的經驗表象的意義。

〔註5〕康德亦稱物自身爲眞相或本體（Noumenon），以與現象（Phenomenon）對峙。
此名詞首先由康德所用，指不繫於我人認識──即不儘對我們而存在的事
物，也就是其自身眞正存在而與表象對立的存有物。詳見布魯格（W. Brugger）
編，項退結編譯：《西洋哲學辭典》（台北：先知出版社，1976 年），頁 420。

換言之，事物在人的主觀裡被知性範疇範成為普遍對象，而時間這先驗的感性形式則將對象關聯於雜多，成為現象之實在而被現象地經驗與知覺。因此，人的認知結構所認知的，乃事物之表象，而事物之表象，只能說是屬於時間形式的對象，而這對象是時間性的、現象上之自身，非那不屬於時間的、絕對的本體之實在、即所謂事物之在其自己。換言之，人的知性範疇與時間這感性形式之綜合只能構成現象上的知識，而不能成為永恆的絕對知識，亦即，人的知性範疇與感性直覺所構成的認知結構，並不能帶領人類見到事物物自身的意義。因此，倘若移除了知性範疇及時間這作為感性的形式條件，人類單靠知性是無法真正理解、甚至於無法直觸「物自體」〔註6〕，因為「物自體」乃「存在於超越人的認識能力之外的獨立實在」〔註7〕，為客體現象背後之實在本質，不為經驗之知，故物自體是不能通過認知結構而被認知的〔註8〕。故而，「即使我們能把我們的直覺帶至最高度的清晰，我們也不能因此即更接近於對象在其自身之構造。」〔註9〕也就是說，物的對象意義只在人的認知結構上形成現象而被知，亦即「現象間的關係也不是在其自身就這樣構造成的，即像其顯現于我們那樣而構造成……我們所知的不過是我們的覺知它們之模式」〔註10〕。換言之，「如果主體，或甚至只是感覺一般之主觀構造（組構），被移除，則時間與空間中對象之全部構造以及一切關係，不，甚至空間與時間自身，必消失。作為現象，它們不能在其自身而存在，但只存在於我們。對象在其自身，離開我們的感性的接受性，是什麼，是完全不被知于我們的。」〔註11〕亦即，不屬於經驗認知的物自身不由此認知模式處浮現，此模式所構成的認知之物，僅只是連結於此模式依而構成的現象之有。

　　第二，而模式中的時間，作為認知模式連結於雜多構成現象之必然的形式條件，即說明了現象之有之所在，亦即現象之有之時間性。以下進一步於時間性上看現象之有：

〔註6〕　牟宗三先生以為中國哲學之獨特性便在於有一種智的直覺可以覺物自體，而不同於康德認為的人乃無法有此種直覺。

〔註7〕　詳見 Peter A. Angeles 著，段德智、尹大貽、金常政譯：《哲學辭典》（台北：貓頭鷹出版社，2007年4月），頁104。

〔註8〕　「物自身可用不確定方式思想得到，卻無法被認知，即無法限定其本質」，同註5，頁420。

〔註9〕　牟宗三：《智的直覺與中國哲學》（台北：臺灣商務印書館，2006年7月），頁98。

〔註10〕　同註9，頁98。

〔註11〕　同上註。

有始也者，有未始有始也者，有未始有夫未始有始也者。有有也者，

有無也者，有未始有無也者，有未始有夫未始有無也者。（〈齊物論〉）

若此段著眼於時空概念來分析現象之有，則可以推述以下四點：

1. 宇宙之終始、有無，首先便指出了一種時空概念。上述之始與未始，即是說有開始，則必然有未開始的開始，進一步推演，則更有未開始前的未開始之開始，反之，若無開始，則仍然有未開始的無開始，進一步推演，更有未開始前的未開始的無開始。由此可見，宇宙乃無始無終之無限，而相反地，人類的生命爲卻必然有始有終之有限，說明人類對於對未來的知識只能藉著科學推測，無法親驗，而時間的有限同時亦代表著空間上之有限，故對於因時而變的環境空間，乃至宇宙更深處的太空科學，或甚至抽象的死亡之所在，人也無法超時地去了解，這都指出了人在經驗上的一種有限，故莊子曰：「吾生也有涯，而知也無涯。以有涯隨無涯，殆已！」〔註12〕因此，時空基本上即給了人的知一範圍，而範圍之有意味著人知之有限。

2.「時間和空間的直覺，這是人們賴以感知的方式」〔註13〕，時間作爲人的經驗條件，只是人感性直覺的方式，其本身是什麼並不能被了解，只能作爲形式條件而被運用。康德說：「在每一個雜多的經驗表象中都含有時間在內，因此，通過時間的先驗的規定，將範疇應用到現象上將成爲可能。時間做爲知性概念的圖式，來使現象服從於範疇之下。」〔註14〕然而，正因爲「物以時間性爲其存在性，而人類思維卻不可能通過時間來把握時間性，也即不能把握物的現象背後的存在本質，只能把握物的現象的存在型態。因此，時間的時間性既構成了物的存在性，又構成了人類知識的界限，物的存在性就對人類認識表現爲界限的存在性。一切存在著的物都是在時間中的存在。」〔註15〕由於時空乃作爲人先驗的感性直覺之形式，故時間本身爲形式條件，而非

〔註12〕 同注 1，《莊子・養生主》，頁 115。

〔註13〕 同注 7，頁 29。

〔註14〕 《kantl：Critque of Pure Reason》，引自蔡美麗：《海德格哲學》（台北：環宇出版社，1972 年），頁 37。

〔註15〕 「莊子通過時間的無限性來論證人類認識的有限性，物以時間性爲其存在性，而人類思維卻不可能通過時間來把握時間性，也即不能把握物的現象背後的存在本質，只能把握物的現象的存在型態。因此，時間的時間性既構成了物的存在性，又構成了人類知識的界限，物的存在性就對人類認識表現爲界限的存在性。一切存在著的物都是在時間中的存在。」引自崔宜明著：《生存與智慧——莊子哲學的現代闡釋》（上海：人民出版社，1997 年 5 月），頁 66、67。

經驗認知之對象，既然時間不做為認知對象，人便無法理解、去知那時間是什麼，故對於以其時間性作為存在的時間中之存在物之認知，也只是物於時間上成為現象的理解，即作為時間性的對象而被知。換言之，人無法知那時間，而只能運用時間之模式，去知那客體於現象之存在，而透過時間形式被認知之物，乃屬於時間形式的經驗知識，是為時間性之象表，亦即現象之有。以此，現象之有，是為時間性的、限定的、經驗的存在，非那絕對的本體的知識。

3. 正因為經驗知識乃為時間性的表現，因此，作為經驗知識，論及有生無、無生有，或那有生有、無生無，也只是談論這具有時間性的現象上之實在，而並不是本體之知識之實在。同時，正因為是時間性的表象，其表象之有無分別，也只是一系列分化活動所給出的相對知識，不是那整一的絕對知識。

4. 而依時間構成的時間性的經驗認知，其所作的知識分類，勞思光（1927～2012）先生說那是：「經驗性質之呈現，即依經驗認知活動而成立」〔註16〕，亦即，從經驗所攝取的知識的經驗之知，乃有其認知時空下之諸種限制條件（如歷史背景，主體認知不同……等等）而有所差異，故其分類並非絕對的，而是相對。如第上一章所提到的經驗知識對象的相因相成，除了主體與客體的二分，接著主體面對客體的二分是為三，再由經驗現象上彼是相因的一系列分化活動，無止盡地二分下去，此猶春秋・老子（生卒不可考，僅能推測約與孔子同時，於 600～470 B.C.之間）所謂：「道生一，一生二，二生三，三生萬物」〔註17〕，即意味著在經驗知識裡，其經驗對象在宇宙論式衍生之下，為無窮無盡之增加。而無窮盡增加之對象又依時之辨化推移而變，遂衍進為更多時空條件下變化之對象，故經驗對象復不可盡知。總而言之，人的認知結構（只能認知現象之實在，而不能知其本體之實在）以及人的生命時間（生命時間之限度正亦為經驗認知上的一種有限），是為雙重有限；而經驗知識上的對象是為對題的，其無止盡二分，是為第一重無限，而無止盡二分之對象又無時不刻處於變化，故為雙重無限，人以之雙重有限追逐雙重無限，實不可得，因此，人永遠不可能完全把握宇宙間的知識，而宇宙間的知識也不可

〔註16〕　勞思光：《新編中國哲學史（一）》（台北：三民書局股份有限公司，2005 年 4 月），頁 261。
〔註17〕　《道德經・四十二章》。

能完全停止，換言之，除了經驗知識，人並不能以先天的認知結構來知那本體之知，而在經驗知識上，又將面臨其現象之物不可盡知之窘境，此亦謂所「無知」。

第三，除了時間象表外，莊子更提出了人的「成心」：

> 夫隨其成心而師之，誰獨且無師乎？奚必知代而心自取者有之？愚者與有焉。未成乎心而有是非，是今日適越而昔至也。是以無有為有。無有為有，雖有神禹，且不能知，吾獨且奈何哉！（〈齊物論〉）

成玄英疏曰：「夫域情滯者，執一家之偏見者，謂之成心」〔註18〕，「成心」正如的第二章節所提到的「過分的需求」——亦即由「慾望」而生，其作用便是由慾望之所向推動而成為我之所取所向、所貪所求。「成心一方面分化對象世界，同時即就此分化活動中，加予一我愛、我取的徽向。於是，自我成為分化活動的座標，一切分化活動，皆凝聚於此我愛、我取的角度，而有確定性。」〔註19〕，每一個體之成心分別由個體之不同慾望成其取向，而坎陷為是非對象，換言之，其是非分別只為成心所判斷之分別，而非絕對之分別。故郭象注曰：「今日適越，昨日何由至哉？未乎成心，是非何由生哉？」〔註20〕是非分別既然是依成心而所建構，倘若無成心作是非之先決，則何來分別是非之有？是以解鈴還需繫鈴人，若由外強言之並不能使成心消弭，其成心之剝落，必須是由內而生、自悟自知的，故郭象曰：「理無是非，而惑者以無為有也。惑心已成，雖聖人不能解，故付之自若而不強知也。」〔註21〕而其惑者以無為有，亦正如佛教《中阿含經》所言之「識」：「『識因緣故起，識有緣則生，無緣則滅。』識隨所緣生，即彼緣說，緣眼、色生識，生識已，說眼識。如是耳、鼻、舌、身、意、法生識，生識已，說意識。」情識所執所偏，即為成心之所取所向，故耽溺於識之一偏，其心便坎陷為惑心、成心，自我便耽於現象上之不真，而不能知其現象之假，而生命亦將凝結為習氣之生命，然而這個由執、識所成之生命並不能夠證明人存在的真實性。換言之，執、識所建構的成心，只是一團欲望、習氣之心，使自我之世界淪為我執我

〔註18〕 同注1，頁61。
〔註19〕 牟宗三講述、陶國璋整構：《莊子齊物論義理衍析》（台北：書林出版社，1994年4月），頁97。
〔註20〕 同注1，頁62。
〔註21〕 同注1，頁62。

取之視界。也就是說，其所感所知若發於成心，則所知所感便皆只落在事物之表象之對象，而不在事物之如其自己之實相。

第四，或引佛教「法緣空」，法即一切法即現象界，緣即因緣會合，其因緣會合而生萬法，構成現象界，為現象上之有。而既然有乃緣會而生，其本來便無所謂有之自性，其有，乃是由許多他性構成的表象，僅有暫時性的緣會聚合之性，而沒有永恆之性，故此表象甚至可視為虛幻之象，因此，此緣會之現象之有，是為假有。

以上為現象之有。然而物的在其自己之在，並不是在於現象之有，而是在於由現象之有向上超越的形上之有而呈現其意義。

二、形上之有

現象之有為現象上之實在。莊子雖不如佛家將現象之有視為假，但亦未將此現象之有視為有之絕對，莊子所因之「有」，乃物如其自性之有，此所謂形上之有，那什麼是形而上之有呢？莊子以風及孔竅作為比副：

> 子綦曰：「夫大塊噫氣，其名為風。是唯無作，作則萬竅怒呺。而獨不聞之翏翏乎？山林之畏佳，大木百圍之竅穴，似鼻，似口，似耳，似枅，似圈，似臼，似洼者，似污者；激者，謞者，叱者，吸者，叫者，譹者，宎者，咬者，前者唱于而隨者唱喁。泠風則小和，飄風則大和，厲風濟則眾竅為虛。而獨不見之調調、之刁刁乎？」子游曰：「地籟則眾竅是已，人籟則比竹是已。敢問天籟。」子綦曰：「夫吹萬不同，而使其自已也，咸其自取，怒者其誰邪！」（〈齊物論〉）

以下便就聲殊、竅殊以及風出孔竅三個面向循序說明，以闡明莊子的形上之有之理解。

第一，由於風出孔竅而成不同音聲，故有「激者，謞者，叱者，吸者，叫者，譹者，宎者，咬者」之聲殊。風出孔竅而產生不同聲響的現象，正如同人依照其感官知覺而各有相異的經驗之知〔註22〕、或如依所執而起的變現〔註23〕，此分化活動之結構，莊子亦謂之為「成心」。故風一朝吹起，通過不

〔註22〕即依照其感觸直覺及知性辨解下的各種經驗概念之分類與價值之判斷，是為經驗現象。
〔註23〕成玄英曰：「域情滯者，執一家之偏見者，謂之成心。」同注1，頁61。

同孔穴而爲聲殊，如成心一動，則分別相生而爲經驗現象。換言之，經驗現象乃爲成心活動下之產物，因此其分別相之判定並非物之自身所生，故亦無物自身之絕對、必然性。況且，「隨其成心而師之，誰獨且無師乎？」就其不同成心之自師，則亦自成不同是非之殊異。因此，聲殊在此意義上，是爲現象之「有」。

第二，承上述，可知聲殊，乃是因爲孔穴不同，那麼若再繼續追問孔穴爲何不同，也只能得出各種孔穴是爲各種孔穴的原因，其終究無非「大木百圍之竅穴，似鼻，似口，似耳，似枅，似圈，似臼，似洼者，似污者」之竅殊〔註24〕而已。故成玄英疏曰：「物形既異，動亦不同，雖有調刁之殊，而終無是非之異。」〔註25〕其無是非之異，乃不取聲殊爲是非，而以竅殊爲別。

莊子曰：「夫吹萬不同，而使其自已也，咸其自取，怒者其誰邪！」郭象注曰：「自己而然，則謂之天然。」〔註26〕所謂自己而然，即是就自己之性分而成就自己，換言之，萬物適性自足，而各自生，且萬物之性分本來相異，故又何有性分好壞大小優劣之謂？其性分相異之呈現，也只能說是萬物各適自性下的結果而已。同理，竅之有殊，是以聲必依竅之殊而成聲之疏，故而有吹萬不同，然而其吹萬不過竅疏之所異，是故聲有殊無是非。因此，若停留於聲殊之表象，便落入成心之分化活動，而生是非之分別相，此時聲爲成心之成聲，故只聞吹萬不同；但若進一步以聲殊爲竅殊之結果，將聲之殊，回歸於竅之殊，其聲殊之經驗現象意義，便即刻轉換爲竅疏之各適自性意義

〔註24〕 另一方面，這個例子裡的「風」也可以說是代表一件事物的「眼前存在」（present at hand），「孔穴」則可以視爲每種相異觀點，而這些對事物的相異觀點則進一步變成不同功用的「手邊存在」（ready to hand）。「海德格把世界上的實體分成兩種：即『眼前存在』及『手邊存在』。這並非說，世界上就存在一種實體叫『眼前存在』，一種叫『手邊存在』的實體，一個實體是『眼前存在』亦或是『手邊存在』，完全是看這個實體與 Dasein 之間的關係，因而，一個『眼前存在』隨時可變成一個『手邊存在』。所謂『眼前存在』是指與 Dasein 不發生關係的實體。例如：巴黎鐵塔對一個非洲土人而言，是沒有任何意義，可以說根本不存在的，可說是『眼前存在』。然而，當 Dasein 一經對『眼前存在』發生關注，於是，『眼前存在』馬上轉成『手邊存在』。這是說，當 Dasein 看見，想到，用到某個實體時，即與某實體發生了正面或者負面關係時，它就是手邊存在。」引自蔡美麗：《海德格哲學》（台北：環宇出版社，1972 年），頁 65。

〔註25〕 同註 1，頁 49。

〔註26〕 莊子「不齊之齊」，以郭象曰：「自己而然」之釋義，最得發揮。同註 1，頁 50。

上之呈現，故曰：「厲風濟則眾竅爲虛。而獨不見之調調、之刁刁乎？」其所聞之吹萬不同，其不同不過萬竅使其自己而然而已，換言之，萬竅之聲不過是其自然之是而已。故聲殊在適性的意義上，表現爲形上之「有」。

由此，遂超越了現象意義上是非不齊的聲殊之「有」，而進入了有異而無是非的竅疏之「有」，故「有」便能在適其自性的意義上以而齊之。換言之，莊子所謂「有」之「齊」，並非指物在現象上必須相同或一致，而是落在物適自性的意義上說。物適自性，則不復有對待，故物之自性不受壓迫，得以舒展開來，成爲物之自己，而既然物物皆能如其自己，則物物又何來參差不齊？故莊子「有」之「齊」，其實是爲「不齊之齊」，而此「不齊之齊」所翻出之物在自己，亦即莊子的形上之「有」。

故莊子在《莊子・逍遙遊》篇說：「蜩與學鳩笑之曰：『我決起而飛，搶榆枋，時則不至而控於地而已矣，奚以之九萬里而南爲？』適莽蒼者，三湌而反，腹猶果然；適百里者，宿舂糧；適千里者，三月聚糧。之二蟲又何知？」郭象注曰：「苟足於其性，則雖大鵬無以自貴於小鳥，小鳥無羨於天池，而榮願有餘矣。故小大雖殊，逍遙一也。」〔註27〕蜩與學鳩安之榆枋，大鵬適之南冥，其榆枋、南冥不同，蜩、學鳩與大鵬亦不同，故其性分當然也不相同。性分乃是自己之性，而盡本分便是依其自己之性而使之然，此即因其自己，在因其自己的意義上，標準皆是在自己之內而不在他物，是故，若皆於性分內成其自性，便無所謂自貴或自卑了。《莊子・逍遙遊》又舉例：「且夫水之積也不厚，則其負大舟也無力。覆杯水於坳堂之上，則芥爲之舟；置杯焉則膠，水淺而舟大也」，置大舟於淺水之上，其淺水相對於大船浮力較小，非但不利於船行，更可能擱淺，反之，若置之深水，水則有足以支撐大舟的浮力及深度，反而能使舟暢逸無阻，同樣地，淺水則有其適應淺水之小舟。故大小深淺，各有性分，皆以性分自足爲宗，正如大舟小舟適其性於大水小水、大鵬小鳥依其形而待風負翼，此即「自己而然」。換言之，「齊」之標準乃是在己之內，而非在己之外。在己之內，則萬物依照一己之性分，展示其自性。是故，在此原則下，各物之自性方能一齊發揮，不齊而齊，故曰：「各取自足，未始不齊。」〔註28〕安適性分便是齊，齊則足，足故皆能得精神之逍遙，正

〔註27〕同注1，頁9。
〔註28〕引成玄英疏，同注1，頁50。

如蜩與學鳩安之榆枋、大鵬適之南冥，而大舟適其大舟之性於大海、小舟則適小舟之性於小水，皆能各得其所。

是故，以成心視之，現象的不同在經驗現象之層面雖是不齊，然而以道心視之，則無不齊，其差異直是各適自性意義上之萬殊，所謂萬殊指的乃是性分、本質之有殊別，然而在性分皆足的意義上，並無不齊。至此，現象之是非不同已然翻越現象上之差別義，而成為道心朗照下的自性義，故萬物之本質雖有區別，然而這個區別在性分自足上，卻是有異而無是非、無所別而一之的，這便是「天人不相勝的與人為徒，其不一也一」中的「不一」。是故，此「不一」並非指現象之有之不一，而是在道心朗照下，那「有」所呈現的各適自性。換言之，其各適自性的「不一」之「有」乃皆收攝於道心之下，自己而然，任之自明，故能泯除差別相，以不齊而齊之，是故，此「不一」事實上也就是「一」而已。

第三，由此「一」再論「風出孔竅」之命題，講成聲之理，成玄英疏曰：「且風為一體，竅則萬殊，雖復大小不同，而各稱所受，咸率自知，豈賴它哉！此天籟也。」〔註29〕

北宋·程頤（1033～1107）曰：「天下之志萬殊，理則一也。」〔註30〕，理一是原理原則，之謂「一」，孔穴各稱所受，便是受那個風，亦即「一」；萬竅為形式，其具體呈現則為萬殊，一如風出各種孔穴，則成吹萬不同，吹萬不同便是「殊」、「多」，換言之，在「風出孔竅」中，風是一，而竅為多，風出孔竅之聲則為殊。以變化而言，「一者，形變之始也」〔註31〕，張載曰：「太虛無形，氣之本體，其聚其散，變化之客形爾。」〔註32〕其太虛、氣之聚散正好解釋一、多之變化關係；以一多之化生而言，多即是由一而生、由一而立，故《淮南子·原道訓》曰：「一立而萬物生矣，是故一之理施四海，一之解際天地」；而若以體、用而言一、多，則如賓諾莎（Baruch de Spinoza, 1632～1677），將本體存有與現象之變幻，喻為大海之全體與海流之微波。換言之，本體與現象，即為體與用之藏顯，現象之呈現即是依體所立，故「用也者，通也」〔註33〕，用必通於道，道必周乎用，用名雖有殊，但理則同通於道；

〔註29〕同注1，頁50。
〔註30〕《伊川易傳·卷一》。
〔註31〕《列子·天瑞》。
〔註32〕《張子全書·正蒙·太和篇·卷二》。
〔註33〕同注1，《莊子·齊物論》，頁70。

而若是以本性、特性說一、多，則所謂一即為存在之本性，多即是指依本性
所表現之特性。下引勞思光先生對於「性」之說明幫助理解：

> 「所謂「性」有兩種意義：第一：「性」可指一切存有所共具之性。
> 換言之，此一意義之「性」，即指「存有意義之原則」（Ontological
> Principle）。強調此種原則時，則即是斷定一切存有，包括日月山川，
> 禽獸草木，與人自身皆在同一之共同原則下存在及變化。此一說為
> 表「一本」之性。第二：「性」又可指各類不同存有自具之特性。此
> 一意義之「性」即接近於希臘哲學中亞里斯多德所用之本性
> （Essence）觀念。如取此一意義而說「性」，則所說者非萬有同具
> 之「性」，而是各類存有之所以成為此特殊存有之「條件」——亦即
> 通常所謂「理」。如再嚴格言之，A 所以成為 A 之「條件」或「理」，
> 與 B 所以成為 B 之「條件」之「理」，內容不同。故如此言「性」
> 時所說之「理」、實為特殊意義之「理」。故此一意義之「性」即表
> 「萬殊」之「性」。」〔註34〕

是故，「一」正如「一本之性」，為存在的原理原則，而依「一」所立之變化，
則呈現了特殊意義下的「萬殊之性」，也就是「多」，故「一」可生萬物，可施
之四海，亦能解際天地，是以程子曰：「在天為命，在義為理，在人為性，主
於身為心，其實一也。」〔註35〕其中天命、義理、性、心之名，皆名異而實同，
故曰：「天下之理一也。塗雖殊而其歸同。」〔註36〕因此，郭象曰：「聲雖萬殊，
而所稟之度一也，然則優劣無所錯其間矣。況之風物，異音同是，而開其自取
焉，則天地之賴見矣。」〔註37〕聲成萬殊，是為音異，然而稟之度一，乃同為
成聲之理所立、即同為風之所吹，而後依其孔竅之性，而成自性之聲。換言之，
故雖有吹萬之不同，然此吹萬之殊，為其成聲之理而自成而已，故曰：「咸率
自知，豈賴它哉！此天籟也。」此「吹萬不同，而使其自己」之有即形上之有，
而「咸其自取，怒者其誰邪！」之明即為天籟之明〔註38〕。

〔註34〕 勞思光：《新編中國哲學史（三上）》（台北：三民書局股份有限公司，中華民
　　　　國八十二年八月），頁43。
〔註35〕 《二程遺書·卷十八》。
〔註36〕 《伊川易傳·卷三》。
〔註37〕 同注1，頁45。
〔註38〕 天籟之聞，乃是悟道及悟道豁達之境，此章旨在說明形上之有，故天籟留待
　　　　第伍章理境之美一併說明。

　　若此處藉「法緣空」說明萬竅成聲與天籟之關係，則其天籟之無〔註 39〕
——若風，吹萬竅而緣合一切法——即成聲爲人籟地籟之有。換言之，風即
萬竅便恰如因緣成聲，不過風即萬竅之不同，而緣會成眾殊之聲而已，則吹
萬之殊又何復有異？然而，必須有所分別的是，這只能說明萬竅成聲處，而
不能於萬竅自性上說，因爲佛教之法因緣旨在物無自性謂之空，而莊子乃講
物是自性以適道，故法緣空乃歸結於緣會之空性，然而莊子之天籟卻是歸於
自然之自性，因此，兩者仍有根本上的不同，不可不辨。〔註40〕

　　綜合上述，莊子所因之「有」，其「有」乃是自性自生、自己而然的自性之
「有」。以道心視之，則萬物皆自性而然，如其自己，故爲一。換言之，道心朗
照下的不齊，已然非現象上之不齊，而是以不齊而齊之的「不一」，亦即，「道心
必總在具體因應中，因而成其爲圓照。在此圓照中，它的自我活動即是雜多之呈
現」〔註 41〕。也就是說，若以成心視見，則「有」即浮爲現象之「有」，其雜多
即是作爲構成經驗現象之雜多；而若以道心觀照，使物各適自性，轉而爲自如之
「有」，則現象之「有」便即刻剝落，呈現爲自己而然的形上之「有」，此雜多之
意義便不再爲構成現象的經驗材料，而是作爲「其不一也一」之「不一」。

　　而此「不一」是必然存在的，其必然正因爲道心不盡然是高高在上、孤
懸之理，而是必然地也「與人爲徒」，既然與人爲徒，則不能失去具體的因應，
亦即不能脫離具體的「有」，因此這個「不一」亦是道心觀照下的具體眞實之
展示。因此，莊子闡釋天籟時，並未否定人籟地籟之存在，而是以「夫吹萬
不同，而使其自已也，咸其自取，怒者其誰邪！」來解釋人籟與地籟。換言
之，天籟之聞是形上的，而非形下的，故人籟地籟可聞，而天籟實際上卻不
可聞。但若明萬物自己而然之理，則可由此二籟返求天籟，悟天籟爲人籟地
籟所成之理，則所聞便俱是天籟，此亦即「不一也一，其不一與人爲徒」之
義。而此「不一」，便是「因是已」在其自己之在之意義。

〔註39〕　天籟即所謂道，此以無之稱以相對於一切法之有，詳見下節。
〔註40〕　佛家的「法緣空」，即一切法即現象界，緣即因緣會合，其因緣會合而生法，
　　　　　於現象界爲現象上之有，而既然有是緣會而生，其本來便無自性，而是由許
　　　　　多他性構成的個體的自性，故有爲假有，而此種自性是謂之空，非莊子所謂
　　　　　的物之自性，故《中觀》云：「物從因緣故不有，緣起故不無」，換言之，一
　　　　　切法乃因緣聚合而成，故一切法是假，然其所緣而聚卻是眞，故亦假亦眞，
　　　　　不眞亦不假，是爲空性。職此之故，「法緣空」旨在物無自性，而莊子之「有」
　　　　　卻是依著物之如其自性來說的，故並未否定其自性之有。
〔註41〕　同注9，頁 210。

第二節　因「無」──因「一」

　　郭象注「因是已，已而不知其然，謂之道」曰：「夫達者之因是，豈知因為善而因之哉？不知所以因而自因耳，故謂之道也」〔註 42〕，自因而不知所以因，謂之道，故自因即因道。換言之，所謂物之如其自性呈現，乃是道心所朗照故，正如萬竅成聲其所受風故，也就是說，萬竅所受之風，正是那使萬竅依其自性而成聲的原理原則；而萬物所秉受之道，則為萬物之所以為萬物存在的最高原因、道理。亦即，萬竅自性呈現之聲多，乃收歸於風；而物皆自如、與人為徒其不一之呈現，則皆收攝於道。是故，莊子所因之「有」，乃是有所收攝、有一所本的，而這個本，即是作為原理原則之道。此節便討論此無名無形、而又為有名有形所本之道。

一、道的無性

　　《道德經‧第一章》便如此「描述」道：「道可道，非常道。名可名，非常名。無名天地之始；有名萬物之母。故常無欲，以觀其妙；常有欲，以觀其徼。此兩者，同出而異名，同謂之玄。玄之又玄，眾妙之門。」相對於「有」之具體之有名有形，道的抽象便歸之於無名無形之「無」，其存在雖然是抽象的，卻也同時在具體事項中彰顯它的規律。換言之，「有」不可離開供給原理原則的「無」而存在，而「無」若離開了「有」，亦不能呈現它的神妙、規律，是故，「無」可以說是「有」之所本之依據，而「有」則便是「無」之所用之呈現，因此，因「無」、因「有」，方能觀其始物之妙，亦得以觀其終物之徼。其次，必須注意的是，此「無」，並非意指形下的沒有、空無，而是用來指涉道的狀態、用來表示相對於萬物之「有」的形上之「無」。亦即，「『無』是一種基本本體屬性，它與『道』是同一層次的概念，是一種形上的本體概念，惟『有』指有形，有名的個別存在物，『無』指道體無名、無形、無欲、無為，但非虛無，乃無物之物。」〔註 43〕而其無處不在、無所範圍、更無以限定的特質，正如天籟，不可聽聞，無聲無形，但卻作為人籟地賴成聲之原理，是

〔註42〕　同注 1，頁 73。

〔註43〕　參閱拉多薩夫‧普舍奇（南斯拉夫，Radosav Pusic）：〈論老子的「無」〉，收錄於陳鼓應編：《道家文化研究》第十四輯，（北京：三聯書店有限公司，1998 年 7 月），頁 125。及朱伯崑：〈老莊哲學中有無範疇的再檢討──兼評馮友蘭先生的有無觀〉，收錄於陳鼓應編：《道家文化研究》第十四輯，（北京：三聯書店有限公司，1998 年 7 月），頁 134。

為實實在在的存在，故曰：「故神無方而易無體」，道之神無方而遍用，道之體無形而遍運，作為天地萬物存有之原理原則，而能「曲成萬物而不遺」〔註44〕，是為無限。是故，「無」並非為空無一物、亦並非指為實體，而除了區別有名有形具體之「有」外，其「無」乃為道之屬性，並藉展現為無名無形、不可名狀下的神有妙用。故老子以「無」作為道之狀語，除了來表現道之特性，同時亦用來指稱道之自己，〈繫辭上〉亦曰：「一陰一陽之謂道，道者何？無之稱也。」是以，因「無」即是因「道」。

而道除了基本的「無」性之外，還有幾個特質。《道德經‧二十五章》曰：「有物混成，先天地生。寂兮寥兮，獨立不改，周行而不殆，可以為天下母。吾不知其名，字之曰道。」〔註45〕《莊子‧大宗師》亦曰：「夫道有情有信，無為無形，可傳而不可受，可得而不可見，自本自根，未有天地，自古以固存。神鬼神帝，生天生地。在太極之先而不為高，在六極之下而不為深。先天地生而不為久，長於上古而不為老。」這些描述皆指出了道的超越性（亦即道的超驗性）、創生性（道體的活潑及無限性）、真實性（獨立性、客觀性及絕對）與恆常性（普遍性、規律性及其永恆），也正是因為這些特性，而成就道的獨一無二以及無限，以下便試就其說明之，以利了解莊子所因之「有」之所本。

二、道的超越性（超驗）

無論是道家之道、《易》之太極或儒家哲學的善、康德的自由意志，那個作為最高存在的核心、一切存有的基底，其本質都是超驗〔註46〕的，是沒有任何原因且超越因果的、先天存在的東西。《道德經‧二十五章》曰：「有物

〔註44〕〈繫辭上〉。

〔註45〕刁生虎對於道的雙重性指出：「老子之『道』在宇宙論意義上具有雙重性：一方面，它具有客觀性（獨立）、恆定性（不改）、循環性（周行）、連續性（不殆）和無始無終性（『迎之不見其首，隨之不見其尾』）。這是說老子之『道』在時間上具有連續性、在空間上具有廣延性，也就是在宇宙時空意義上具有無限性和無開端性；但另一方面，他又是一個存在於天地之先（先天地生）而化生天地萬物的宇宙本源和基礎（可以為天下母、『無，名天地之始，有，名萬物之母』）。這說明老子在時空意義上又具有有限性和開端性。」刁生虎：《莊子的生存哲學》（北京：中國傳媒大學出版社，2007年5月），頁178。

〔註46〕康德說：「我稱一切知識為超驗的，此知識不以客體為事，而以我人對客體之認識方式為事，探究此項認識如何先驗地可能。」（純粹理性批判 B25），同註5，頁427。

混成，先天地生。」《莊子・大宗師》曰：「夫道有情有信，無爲無形，可傳而不可受，可得而不可見，自本自根，未有天地，自古以固存。」都指出了道的超越性，其「先」天地生，指出道乃是超驗、超越的；而自古以固「存」，即肯定了此超驗的、超越的存有。也就是說，道在未有天地之時，便已自根自本地存在，且實實在在作爲一切存在之支撐；同時，道正因爲它先於天地而生的超越性，故而能開天地之始，而後再生其天地，故說道「可以爲天下母」。換言之，道既作爲一切「有」之基底，而又同時爲「有」之創生。職此之故，道便由它的超越性，進而開展出道之宇宙論意義以及道之本體論意義。

三、道的創生性（無限）

　　道的創生性，一般作爲宇宙論式的創生，亦即，將道作爲恍如實體般的第一因、視爲那開天闢地的最初根源，依此生化、開展。換言之，道作爲天地開端，發展世界一切萬物，而萬物則依道之規律而生生不已、循環往復，即將「靜態的宇宙動態化，而這動態的原裡則是把整體的宇宙看爲一種生命，所有的變化都是屬於生成的」〔註47〕，故莊子說：「神鬼神帝，生天生地。」〔註48〕道便像是上帝，有上帝的功能，然而卻又並非有上帝的意志，這便是道的宇宙論意義。

　　道這彷彿如上帝般的能力，在《易經・象》可見一班：「大哉乾元，萬物資始，乃統天。雲行雨施，品物流形，大明終始，六位時成，時乘六龍以御天。乾道變化，各正性命，保合太和〔註49〕，乃利貞。首出庶物，萬國咸寧。」〔註50〕天地以「乾元」〔註51〕爲根本，而此「乾元」亦即指道之健動不已，

〔註47〕 鄔昆如：《哲學概論》（台北：五南圖書出版股份有限公司，2006 年 9 月），頁325。

〔註48〕 同注 1，《莊子・大宗師》，頁 247。

〔註49〕 【北宋】張載《張子全書・正蒙太和》曰：「太和所謂道」。

〔註50〕 「戴籍通名之曰道，其發用流行，即爲自然之法則，在大《易》爲太極、乾元、爲太和」，引自胡自逢著：《伊川易學之基本思想》（台北：文史哲出版社有限公司，民國 84 年 12 月），頁 41。凡「太和」、「太極」、道、「易」、「乾元」其內涵皆爲一而異名而已。以下爲方便說明，行文或交互使用。

〔註51〕 乾元：顏師古（唐代，581～645）注：「元，大也」，《說文》曰：「元，始也」，而董仲舒（西漢，179～104 B.C.）《春秋繁露・垂政》則云：「元猶原也」《說文》曰：「乾，物之達也」，【宋】朱熹《近思錄》曰：「乾，健也」。故乾元者，「元」爲體，乾則爲「元」之動象，謂之「乾元」。

朱熹說:「乾元,天德之大始」,天德便是道,而天德之「大」指空間,「始」即指時間,故道是足俱空間與時間的,換言之,道有其創生之體,亦有其創生之能,宇宙天地便在道的創生之能、之體中創生、延展。

　　所謂道的創生之能,便是指道富有創造宇宙之潛能與生發能力,並以其剛健變化作爲宇宙開展、萬物發用,而促使萬物生發、運作,故能資育萬物,雲行雨施,品物流行。故《道德經·四十二章》曰:「道生一,一生二,二生三,三生萬物」,其道爲一,陰陽爲二〔註52〕,〈周易序〉曰:「易有太極,是生兩儀。太極者,道也;兩儀者,陰陽也。陰陽一道也,太極無極也。萬物之生,負陰而抱陽,莫有太極,莫不有兩儀。絪縕交感,變化不窮」,一爲二之體,二乃一之用,其陰陽交感,始能參育天地,變化協調,故能二生三,三生萬物,此便說明了道化生萬物的創生之能,亦同時展現其無限性。然而,道不僅能創生天地,更能化育萬物,《道德經·五十一章》曰:「道生之,德畜之,物形之,勢成之。是以萬物莫不尊道而貴德。道之尊,德之貴,夫莫之命而常自然。故道生之,德畜之。長之育之,成之熟之,養之覆之。」換言之,天地萬物若各正其道,則能得道之蓄養,使道德沛然充之,是以,道創生之能不但是創生宇宙之機能,更續續孕育天地、涵養萬物〔註53〕,故而「可以爲天下母」〔註54〕。道之創生,表現在天籟之例中,則恰若風使眾竅成聲,此亦爲道之創造性。然而,此創造性與宇宙論式創生較爲不同,乃使物成其自己之創生,使其存在不流於表象之有只是虛的,而是形上之有故而爲實在的。因此,此爲保存存有式之創生,其創造的意義是消極的。

　　而何爲道之創生之體?〈周易序〉曰:「至哉易乎!其道至大而無不包,其用至神而無不存。」道包蘊無窮,虛而能納,其空間爲無限之空間,其無限之空間卻又盈滿存有之一切,爲所有之「有」,故道亦可視爲一切總存在之基礎。而道既爲所有之「有」,亦必同時爲包蘊所「有」之「無」,而「有」既爲一切,故惟極虛之「無」方能包孕之。是故,道爲有限之全體,亦爲絕對之無限,即同爲有限與無限,其無限乃有限之可能與所出。由是可知,「無

〔註52〕朱熹曰:「太和,陰陽會和冲和之氣」,「太和」亦即道。

〔註53〕《道德經·五十一章》曰:「道生之,德蓄之」,又《莊子·天地》曰:「通於天地者,德也」。

〔註54〕《道德經·二十五章》。

限乃有限之本質，而有限爲無限之表現，無限給予其自己以生存（Existence），即變爲有限」〔註55〕，故道之創生之體乃至大而無所不包，乃至虛故無所不能包。若以亞里斯多德的「形質說」〔註56〕來說明道體之至大與道能之至神，其謂存有之組成乃形式與質料之相互交疊，最終可達至一最高之「純形式」，「純形式」統攝一切存在，爲最高之存在概念，羅包「純形式」底下之所有質料及形式。而追溯「純形式」所涵攝之質料內容，至最初則爲「純質料」，「純質料」乃未被任何形式所限定之「純形式」之一切內涵，爲尚未被實現爲存在之存有潛能，待形式予以實現。亦即，「沒有實現降臨的純潛能，以及沒有形式界定的純質料，基本上乃虛無，不存在；反之，純實現和純形式，則是最高的存在，乃存在本身（Ipsum esse）：純形式超度著所有的質料，將它們從虛無進入存在的殿堂；是純實現超渡著所有的潛能，擺脫虛無，進入存在。」〔註57〕故「純質料」爲未被「純形式」實現之存在潛能，而「純形式」之內涵則是「純質料」之被實現之一切。換言之，「其道至大而無不包」，爲一切純形式之實現純質料之潛能，「其用至神而無不存」，則爲質料過渡至形式之原理原則，運用並顯現其能於存在之中，使存在在其本身之中得以實現。故由純質料向上層層推進，乃至於整體大全之存有，即爲未被實現之「純質料」之全體實現。

　　是以宇宙論意義之道，其能至神，爲乾陽健順、豐沛活潑之創生之能；其體至大，爲一富涵生成之能之創生之體。故雖然道的宇宙論意義在各家之臧顯、動靜程度或有不同，然而其發用形態皆能不外乎有一創生之體而表現出創生性。如道的宇宙論意義在儒家，則創生之體爲善，其良知良能之誠明發用爲創生之能；在《易》，則其創生之體爲太極，創生之能便爲陰陽之變化；在康德之系統，則創生之體爲自由意志，創生之能則爲無上道德律令；在道家，則創生之體爲道，創生之能即無爲自然，或說道心爲創生之體，其照物自然便是創生之能，而既照能顯露物的自然之在，則照之源源不絕，其創生的自然之在便不竭，故也可以說是一種宇宙論地顯物。

〔註55〕詳見吳康論黑格爾的「存在」與「非存在」。吳康：《黑格爾哲學》（台北：臺灣商務印書館，1996 年 6 月），頁 29、30。
〔註56〕「形式超度質料，就成爲存在」，同註47，頁 301 關於亞里斯多德「形質說」說明。
〔註57〕鄔昆如：《哲學與哲學家：西方篇》（台北：五南圖書出版股份有限公司，2006 年 4 月），頁 59。

四、道的獨立性、眞實性（客觀及絕對）

　　道兼具有動與不動之特性，動爲本體創造力與實現潛能，即表現在道之創生性；不動即著重於道的「獨立不改」〔註58〕，作爲宇宙根源、萬物之本，是之謂道的本體論意義。此根、本，乃不爲範疇、時間所統一，亦不必依賴他物而存在，它就是它自己本身，故具有獨立性，而其獨立性之確立，亦即代表著道有其眞實性（客觀性），並保證其絕對的永恆存在。

　　莊子的道正是著重於本體論意義〔註59〕之道而言，即探討作爲總存在之基礎、宇宙發生之根源以及現象變化之規律、生滅之原理，以及統攝一切範疇，並發展其內在規律，生發宇宙的根本——也就是存有之本。有所本則能有所始，始則能動，動則天道運行，而四時百物並生，故道的本體論意義亦是道創生性之所本。然而比起宇宙論意義著重「創生」上，本體論意義更著重於「存有」上，故魏・王弼（226～249）曰：「凡有皆始於無」、「萬物生於有，有生於無」又曰：「天下之物，皆以有生，有之所始，以無爲本」，便很能表現道的本體論意義。但道作爲純然的道心，它便不是具體、物質的實體，而作爲可信無形、純然的道境朗現：

> 非彼無我，非我無所取。是亦近矣，而不知其所爲使。若有眞宰，
> 而特不得其眹。可行已信，而不見其形，有情而無形。百骸、九竅、
> 六藏，賅而存焉，吾誰與爲親？汝皆說之乎？其有私焉？如是皆有
> 爲臣妾乎？其臣妾不足以相治乎？其遞相爲君臣乎？其有眞君存
> 焉？如求得其情與不得，無益損乎其眞。（〈齊物論〉）

故《道德經・第二十一章》曰：「道之爲物，唯恍唯惚，惚兮恍兮，其中有象；恍兮惚兮，其中有物。窈兮冥兮，其中有精，其精甚眞，其中有信。」道乃一純然之體，無對象性，亦不被對象化，故可行可信，但卻無形無跡，不可名狀，只能字之曰道，因此飄渺恍惚，所以莊子說：「其有眞君存焉？」其並非指未有眞君，而是說明「眞君」並不會是一實體的、物理性質的呈現，這裡再度呼應道的「無」性。換言之，「眞君」乃是一種理境之在，此理境亦等同於道心朗照。是故，若有「眞君」，其「眞君」即爲道心，而「眞宰」之宰，指的便是道心之朗照。然而，其所謂「宰」，又並非如字面上的意義眞有所主

〔註58〕　《道德經・第二十五章》。
〔註59〕　「『道』是一個存在範疇，也是本體範疇。」蒙培元：〈論自然〉，同注43，頁
　　　　　21。

宰。而是指在道心朗照下，萬物皆自性自生，朗現在其自己之有，既不被動地受宰，亦並非主動地宰之萬物。如此，道心逼顯了物的實在，這才是莊子「真宰」的意涵。故郭象曰：「起所真宰之朕迹，而亦終不得，則明物皆自然，無物使然也」，無有所宰亦無有所形，故無使之者與使之然，物皆自己而然，也就是說，即將主動與被動渾化於道心朗照之中，而物亦依道心爲本而自在。

　　但必須注意的是，郭象在解釋莊子之「自己」時，雖然很能發揮「自己而然」之「自然」義，但卻僅止將「自然」之義歸之於自己之「有」，將道這樣超越的根據追回來放回事物自身，與自身結合爲止。也就是說，除了將個體的差異性，也就是自性，歸屬於物體自身與生俱來的特質之外，便不再承認這個自性之自生是自身憑藉著什麼外在力量而獲得的，故曰：「物各自生而無所出焉」，如果要說這個「根據」是什麼，那麼也就只能說是自己自然而成的，而不是自己以外的什麼了，因此又說：「起索真宰之朕跡，而亦終不得，則明物皆自然，無物使然也」，強調了：「物各自然，不知其所以然而然」。於是郭象依此將王弼：「天下之物，皆以有生。有之所始，以無爲本。將欲全有，必反於無。」〔註60〕的「返於無」，取消掉了，進一步連「無」也移除了，取而代之，則把這個原本抽象的「無」返於現象的「有」，將這個「有」的自性自生，直視爲萬物自性自生之所本。換言之，郭象事實上也就是認爲，存在的可能是依照存在本身的可能性去實現的，是存在本身實現了存有。是故，現象的整體，其實正是存有本身，亦即，現象就是存在。因此，郭象在發揮莊子「自己」之義時，其雖得莊子大義，但卻進一步設法混化一切的有待之對立，進而將「自己而然，謂之天然」之「天」歸之於「有」本身，將道之獨立自有給去除，這點是與莊子不相合的。這也是爲什麼要提出因「無」的這一部分，藉以說明道的根源性並不能完全移植至「有」，即使說形上之「有」，其如其自己之自在物，亦是由那抽象而不可具體明狀之「無」——亦即道心，所朗照而朗現。換言之，莊子雖重視存在本身的表現，卻沒有割捨存在之所本。也就是說，「有」必然有一所本，使「有」能逼顯自性，如其自己地朗現存在，但此本卻並非絕對地現象學地根源於「有」，此「有」乃根源於形上之道，道便是「有」之所本，其「有」便是由道心所朗照，故「有」能如其自己存在。因此，若只鞏固了自己僅存的「有」，將自己的「有」建構爲絕對的、並且是唯一的「有」，則只會成爲一種形上根源的缺乏，則「有」便將淪爲無

〔註60〕　【魏】王弼：《老子注・第四十章》。

所本。因此,「有」,並不能只是絕對的、純粹的「有」,即便是形上之「有」,必然有一個「有」之因,來支撐這個「有」的存在,亦即,存在本身和存在的依據乃不可分離,故王弼曰:「夫無不可以無明,必因於有,故常於有物之極,而必明其所由之宗也。」(王弼大衍義《周易‧繫辭注》)又說:「守母以存子,崇本以舉末」(《道德經‧第三十八張注》),即是指「有」必有所本,而此本即是本之於「無」,而「無」即所謂道。以道心朗照其有,才能呈現物物之有。是故,「有」作為表現存在的特性,「無」則作為存在的原理原則之形上根據。而形上的依據既然是事物作為永恆的形式與保證,為一切存有背後之支撐之實體,是故道必具有獨立性,以確保它的必然、普遍以及其永恆,因此,道的獨立性是不可移除的。

是故,純然的「有」並不能作為形上之根,必然有背後作為支撐的那個原理,這個原理便是所謂道,或者說,必然以道心作為根本,來朗照萬物,逼顯物的如其自己之在之「有」顯現。此道心之照便是牟宗三(1909～1995)先生所說的「智的直覺」:「『智的直覺』即是『直覺的知性』,而『直覺的知性之知其對象』不是通過範疇辨解地知,而是在一非感觸的直覺中直覺地知之。」〔註61〕因此,透過道心朗照,「有」已非現象之「有」,而是由現象之「有」超越為物之如其自己的形上之「有」。而正因為道心乃是自知自證的〔註62〕——亦即心能自做反省,而「當思想本身能思想它自己本身的時候,就是存在的最高層次。」〔註63〕——是故,由道心之存在所朗照之「有」,便能同時保證其「有」之獨立性與真實性(客觀性)〔註64〕,並進一步肯定物自身的絕對存在。換言之,亦即「當自知自證其自己時,即連同其所生發之道德行為以及其所妙運而覺潤之一切存在而一起知之證之,亦如其為一『在其自己』者而知之證之,此即是智的直覺之創生性,此即康德所謂『其自身就能給出它的對象(實不是對象)之存在』之直覺。」〔註65〕也就是說,物

〔註61〕 同注9,頁127。

〔註62〕 「自知自證便是儒家的逆覺體證。」同注9,頁196。

〔註63〕 同注47,頁113。

〔註64〕 「當思想是他自己思想本身的時候,也就不需要外在的存在作為他的思想對象,他自己本身同時是主體,同時又是客體;這種主體的客觀化,或是思想的現實化,就是最高的一種存在。」同注47,頁209。此即帕米尼德斯(Parmenides, 540～470 B.C.)之「思想與存在之一致性」,如亞里斯多德(Aristotle, 384～322 B.C.)的「思想達於存在本身」、「存在即其思想的本身」。

〔註65〕 同注9,頁196。

之在其自己而呈現，必然因此向後逼顯一物如之道心。是故，物物如其自己之在之「不一」（形上之「有」），亦必本於「一」的道心之照（「無」之道）而在。

是故，郭象說「自己而然，謂之天然」，其「天」不是只能壟斷地歸之於「有」，而是必須本於「無」。「無」便是那「視之不見，聽之不聞，循之不得」〔註66〕、無名無跡、不可語狀之形上之道，亦即莊子所謂「眞宰」、「眞君」。而惟有本於道心朗照，才能使物任性自然，如其自己而呈現；同時，道的獨立性、眞實性（客觀性），更保證了道心朗照下物物自如者之獨立性、眞實性（客觀性），及其永恆、絕對的存在。換言之，「眞君」雖無爲無形，不可受不可見，但卻有情有信，可傳可得，乃具有獨立性、誠然實實在在，只是它並非當作一實體，而是作爲一不可具象的道心朗現下之道境來看。詩人唐‧王維（701～761）〈桃源行〉說：「春來遍是桃花水，不辨仙源何處尋。」仙源是眞，其仙源之在，正保證了水之實存；其水之不絕，正對應著道的創生性；而桃花水與仙源皆是眞在，只是此有無處尋，則呼應了道不可測的「無」性，因此，恰恰可以說是莊子「眞君」、「眞宰」之寫照。

五、道的恆常性（普遍、規律）

所謂「周行而不殆」〔註67〕，不殆即是連續的、無止息的，周行則是規律的、循環往復的，周行不殆故指出了道的恆常性，而「恆」指的是道的普遍性，「常」指的是道的規律性，合而言之，便展現了道延續不已、並不斷更新的永恆之常。

所謂普遍性，意指「整體地（collectively）或周延地（tributively），屬於一個類的整體或全體事物；無限的、無所不包的或無所不及的；總體的、完全的」概念〔註68〕，「進一步分析，普遍性就是指全體的是物，皆具有同一屬性，並相互聯繫、生存以及發展。就天道言，天道的話生是無私覆的，就像天地、日月般，普遍而且全面的化生，不分厚比薄此，更不分親疏遠近。」〔註69〕而所謂道的規律性，在《道德經‧第二十五章》裡指出：「大曰逝，逝曰遠，

〔註66〕　《易緯‧乾鑿度》，卷上。
〔註67〕　《道德經‧第二十五章》。
〔註68〕　同注7，頁470。
〔註69〕　引自趙師中偉：《〈周易〉「變」的思想研究》（台北：花木蘭文化出版社，2009年3月），頁177。

遠曰反。」《易經‧乾卦》亦在九五飛龍在天〔註70〕後緊接一個「上九，亢龍有悔。」《易經‧繫辭下》也說：「日往則月來，月往則日來，日月相推，而明生焉；寒往則暑來，暑往則寒來，寒暑相推，而歲成焉。」故不管是表現在事態發展（大、逝、遠、反之進程），或人（九五飛龍在天過渡至上九亢龍有悔），或大自然之變化（日月交替、寒暑相遞之天地流轉），皆展示了道的物極必反，並指出道之反，乃是有規律的而不是隨意的，是必然的而絕非偶然的。也正是因為道這樣絕對的普遍及規律，成就了萬物的變化流轉，換言之，正是萬物的變化表現出了道的普遍存在及循環往復，同時，也證明了道流動、活潑之性質，而非一毫無生息的形上空理。擴而言之，道的動態如展現在世界歷史上，所謂「天下大勢，分久必合，合久必分」〔註71〕，即是歷史的擴張。因此，道不僅只是展現在個人、社會、天地萬物之間，它就是整個個人、社會、天地萬物變動的結構，它的本身無時無刻在變化，其本身也記錄著變化，如果說道的變化是歷史的進程，則歷史的歷史性便也可以說是道的恆常性，乃是遍在且不斷向前、延續的，正如黑格爾論人類歷史進程那向絕對理念前進的辯證，其中的相續不已：「所謂進步，自須有每一時代之若干偉大人物為『精神』之巨輪，以運輸『進步』向前邁進，但必須由社會及國家之全體，予所謂『進步』以豐富之內容，充實之質料。蓋所謂進步，乃最高理念在人類社會活動與組織之表現中，指導國家社會續續改進」〔註72〕。

　　故道之恆常，即那其中之普遍之在，之規律之更新，以至續續推進。《易傳‧繫辭上》曰：「日新之謂盛德，生生之謂易。」所謂「易」者，東漢‧鄭玄（127～200）曰：「易一名而含三義：易簡一也；變易二也；不易三也」〔註73〕物極必返，盈虧消長，如「大、逝、遠、返」，等等道之內在原則，以簡馭繁故，是為「簡易」；簡易以作為自然中條例，依其內容之規律性，展現道之變化，為「變易」；而作為變易之支撐、存在的原理原則，道自是不變、永恆且遍在，為「不易」。質言之，道生生不息，以有恆常，其恆常之呈現，正是道所展現之規律變化。換言之，其變化之生生相續之規律，亦證明道了道的普遍之在，故道的變化規律正是它的永恆遍在，而此變與不變之共在，更彰顯了道的神妙與絕對。

〔註70〕《易經‧乾卦》：「九五，飛龍在天，利見大人。」
〔註71〕【明】羅貫中（1330～1400）：《三國演義》，第一回。
〔註72〕同注55，頁121。
〔註73〕《易論》。

綜合上述，道作爲存在之基底、「有」之所以爲「有」的原理原則，乃來自它的本身之超越、普遍、無限、絕對和永恆之特質。亦即，沒有這個「無」之道作爲背後的基底，「有」之在不能確立它的眞實存有，是故因「有」的同時，必然同時因「無」。換言之，道的整全樣貌不應只是「不一」之「有」或「一」之「無」的任何一個，而應是那二者中的任何一個，即以「無」攝「有」、以「一」照「不一」，此即「其一與天爲徒，其不一與人爲徒」〔註74〕，這正說明了，天與人乃互不相勝、道通爲一的。

第三節　「有」「無」道通爲一——天人不相勝

道通天人爲一，其克服對立的過程，可以從內在的矛盾衍進來看，進而由物之自然、人之自然，向上提升一層而消融物我，使之在兩不相勝，而又互相超越的狀態下，冥合至道。

一、矛盾衍進

> 既已爲一，且得有言乎？既已謂之一矣，且得無言乎？一與言爲二，二與一爲三。自此以往，巧歷不能得，而況其凡乎！故自無適有，以至於三，而況自有適有乎！無適焉，因是已。（〈齊物論〉）

《莊子・天地》曰：「一之所起，有一而未形。」郭象注：「一者，有之初，至妙者也。」「一」便是有之始，有這個「一」，才能有「一之所起」，而此「未形」便是指道之狀態，乃無對偶、絕對的、混沌的一個整體。一旦說明了道之狀態，指稱道之性質，道即落入言詮之中，成了對象，而既爲對象，即亦落入名言分別，而喪失了道的純一，黑格爾便說：「純有（Being）是無可決定的當下（indeterminate immediate），因爲純有不能用任何屬性形容之，它只是在其自己而存在。純有一旦有所形容（肯斷），必然轉化爲定有（Dasein）」〔註75〕。因此，一與言爲二，其「一」指的是未落入言詮的純一之道，其「言」即所謂析言之道。而所謂「二」，即是那無以言詮、無以對象化的道，與落於言詮、對象化之道，互相對立所成。換言之，即「道」與「謂之道」成了對

〔註74〕同注1，《莊子・大宗師》，頁234。
〔註75〕見楊一之譯黑格爾《邏輯學》上卷（北京：商務印書館，1981年），頁69至70。轉引自注19，頁113。

立的「二」，而這個對立的「二」，又與原來道的純一大統相與爲「三」。

由是而知，第一，僅只是形上之道，落入知識之言詮便有三，更何況乎形下之有落入知識言詮，豈復僅只爲三？故曰：「自此以往，巧歷不能得，而況其凡乎！故自無適有，以至於三，而況自有適有乎！」現象之有之知識活動，只是不斷落入分別之活動。

> 今且有言於此，不知其與是類乎？其與是不類乎？類與不類，相與爲類，則與彼無以異矣。……俄而有無矣，而未知有無之果孰有孰無也。（〈齊物論〉）

故類與不類之分別活動，正如有、無之追索，其作爲知識上的辨解，只會出現諸如有之有未始、無亦有其無始之始，此種知識上追尋不得其解之困境。故僧肇《不眞空論》曰：「『本無』者，情尙於無，多觸言以賓無。故非有，有即無；非無，無亦無。尋夫立文之本旨者，直以非有非眞有，非無非眞無耳。何必非有無此有，非無無彼無？此直好無之談，豈謂順通事實，即物之情哉？夫以物物於物，則所物而可物；以物物非物，故雖物而非物。是以物不即名而就實，名不即物而履眞。然則眞諦獨靜於名教之外，豈曰文言之能辯哉？」名實之謂，乃言詮之類，成心一有別，即陷入有適於有的經驗分化活動，而分化愈繁，則生命便愈加負累，然而道之眞諦本不在此分化活動之中。因此，徒然於經驗上求索，終不能得道之實相，生命於此遂落爲坎陷，失去生機，造成終身疲役不見成功、不知所歸之結果。

第二，一與言爲二，二與一爲三，也表現出主客、及主客綜合之進程，也就是天、人，與天人合一之進程。

僧肇《不眞空論》云：「然則萬物，果有其所以不有，有其所以不無。有其所以不有，故雖有而非有，有其所以不無，故雖無而非無。雖無而非無，無者不絕虛；雖有而非有，有者非眞有。若有不即眞，無不夷跡，然則有無稱異，其致一也。」有無稱異，其致一也，這個一展現了有與無之統一，正如二與一爲三之三，展現了二與一之綜合，皆將有與無兩忘、將名謂與實存相遣，向上一層高越合一。是以，有無既了然於道之統一，則能有有無之分而又遣有無之分，故曰：「俄而有無矣，而未知有無之果孰有孰無也」。

而這合一之過程，便是依恃著道內在之矛盾力，而矛盾力乃由矛盾本身以致，赫拉克利圖斯（Herakleitos, 544～484 B.C.）說：「對立的事物間的相矛盾，不特不是『一』的統一性上的缺點，相反的，對『一』的存在而言，這

種矛盾是屬必要的。事實上，『一』只能依賴對立間的緊張而存在，對『一』之統一而言，緊張是屬必要的。」〔註76〕是故，《道德經・第二章》曰：「有無相生，難易相成，長短相形，高下相傾，音聲相和，前後相隨。」〈齊物論〉曰：「彼出於是，是亦因彼。」其有無、難易、長短、高下、音聲、彼是，乃皆相反相成，矛盾相生，若只落入矛盾本身，即只能停留在現象變化，而不能向上一層觀現象變化。而若依此矛盾向上高越爲之綜合，即能由因彼因此，進入高一序的「不落是非，和其是非」，此矛盾終究在自身之中被統一，而完成「合」，即所謂消解自身，達於矛盾雙遣的境界。

　　以中國傳統陰陽觀念來看，《易傳・繫辭上》曰：「一陰一陽之謂道」，陰陽乃道之所出之相反相成者，而此相反相成，遂成爲一衍進之動力，成爲道之變化。是以〈說卦傳〉曰：「立天之道曰陰與陽」，《易傳・繫辭上》又曰：「陰生陽，陽生陰，其變無窮」，北宋・周敦頤（1017～1073）在《太極圖說》亦云：「太極動而生陽，動極而靜，靜而生陰，靜極復動一動一靜，互爲其根，分陰分陽，兩儀立焉」，〈周易序〉曰：「萬物之生，負陰而抱陽，莫有太極，莫不有兩儀。絪縕交感，變化不窮」，皆彰明了道生陰陽，而陰陽又出變化，然而此矛盾之立最後仍須回歸高一序之統一，是以《張子全書・正蒙太和》曰：「感而後有通，不有兩則無一」，其《參兩論》又云：「兩不立，則一不可見，一不可見，則兩之用息。兩體者，虛實也，動靜也，聚散也，清濁也，其究一而已。」二即所謂陰陽，陰陽不出則道不可見，而陰陽之立最終仍是收攝於道。是以，《道德經・四十二章》曰：「道生一，一生二，二生三，三生萬物」，純然之道爲整一的、無對偶的狀態，道生一，彰明了「有」之始，道一而有二，二即所謂陰陽對偶之生，而由陰陽變化所出之萬物變化，則爲三，三即是有之爲有以降的分化活動，進而爲現象界之萬種變化，正如赫拉克利圖斯「萬物流轉」說之"Logos"，說明道（即 Logos）乃萬物之變化流轉，即是體現在天地萬物。

　　故莊子曰：「彼出於是，是亦因彼。」正顯示著正反間產生的推進力及其運動是以，矛盾是不能被取消的，同時又必須回歸至一，此即「對待的統一。從對立之中見其相互的差異性，從統一中見其相和性，互相互濟，而產生一切的變化。」〔註77〕此恰如黑格爾（Georg Wilhelm Friedrich Hegel，1770～1831）三元式辯證中，其正、反之所以成立者，必藉其正反之間的

〔註76〕　《A History of Philosophy》頁 40 Vol.I F. Copleston, S.J., 轉引自注24，頁 7、8。
〔註77〕　同注69，頁 123。

相互矛盾作推進，由正進而爲反〔註78〕。換言之，「一切有限的範疇，賦性不完全，以致動搖無定，結果產生矛盾。此不完全的範疇，必盡力求返於較具體的統一體，而此範疇即爲此統一體之一偏，則此統一體必有他一偏與此範疇相反而成矛盾，於是矛盾生焉。每一統一，即剝除其中所涵兩反對體之矛盾而超越其上，是以衍進，達於最後統一，即『絕對理念』，涵包萬有，蘊攝眾能」〔註79〕。

是故，沒有什麼是永恆的靜止，永恆的是那不已的變動，即矛盾力的展現，世界自然之變化，生滅，事實上都是由本身的矛盾變化而生，然而道變動的原因不是其它的什麼，最終仍是道之本身。是故，「道最奧秘的地方，就是遠永不能停滯於其純粹的混整性，必須有所運動、展現，而成一整全歷程」〔註80〕。因此，道雖爲一絕對、永恆之體。但是，道不能只安於其不變，不生變化之道僅只是一懸至於形上之道理，不能落實於形下，故道必有其變化，如天地之生，自然嬗遞，人事遷流。然而，道又不僅僅只爲那流動變化，這變化必定收攝於道，而此不變與變之綜合，才爲道之如實呈現。

同理，「其果有謂乎，其果無謂乎？」在有、無上追索其分別，然則，有、無又何來有分別？這個「有」乃作爲「無」之所以呈現，「無」則作爲「有」所以顯露之根，無論是抽象的「無」或具體的「有」，都只是存在的一個面象，對於存有來說仍是不夠完整的，故莊子在〈應帝王〉篇末舉了一個例子：「儵與忽時相與遇於渾沌之地，渾沌待之甚善。儵與忽謀報渾沌之德，曰：『人皆有七竅，以視聽食息，此獨無有，嘗試鑿之。』日鑿一竅，七日而渾沌死。」〔註81〕因此，「有」「無」是不可割捨、獨貴任何一方的，必須兩面俱存，而得以高越爲有無合一之和諧整一。

由此，復論現象之分化活動（彼此、是非）之超越爲因是在物、因是在人，再進一步論物我（主客）之超越，天人合一之境便呼之而出。

〔註78〕 「『精神在己』Geist an sich 爲正論，『精神爲己』Geist für sich 爲反論，『精神在己及爲己』Geist an uud für sich 爲合論。一切人類思想，宇宙全體，無不循此三元公式 triad 而變化衍進。」則「在己」必須同時反向發展「爲己」，始能在更高一層次衍進爲「在己及爲己」之綜合。同注 55，頁 60。

〔註79〕 同注 55，頁 63。

〔註80〕 同注 19，頁 111。

〔註81〕 儵喻有象，忽喻無形，渾沌爲非有非無者。見疏與釋文，同注 1，頁 309。

二、因是在物

〈齊物論〉曰：「夫吹萬不同，而使其自己也，咸其自取，怒者其誰邪！」郭象云：「自己而然謂之天然」，天道使物如其自己而然，既適性自足、在其自己，何以有無優劣大小之分？落於優劣大小之分，即落於現象上一系列分化活動，使物浮於現象之有，反之，若以物皆性分自足，消解經驗概念之別，則分化活動即止，物即由現象之有翻出其形上之有，故：

> 天下莫大於秋毫之末，而大山爲小；壽莫於殤子，而彭祖爲夭。(〈齊物論〉)

莊子以悖於常理的秋毫爲大、大山爲小之論點來作譬喻，除了意在打破概念限制，此外，更藉此說明適性之足。大小是經驗上的區別，但就是自性而言，其無大小之分，只有足與不足，若足，則爲大亦爲小。是故，若以秋毫適性自足爲大，則便沒有什麼比秋毫更大了，反之，若以大山之適性自足爲小，則更沒有什麼將比大山更小了，同理，若殤子適性而足，則夭亦可爲壽。是以曰：

> 故爲是舉莛與楹，厲與西施，恢恑憰怪，道通爲一。其分也，成也；
> 其成也，毀也。凡物無成與毀，復通爲一。(〈齊物論〉)

物之是與非、彼與此、這般或那般，乃屬於現象上的分化活動，而給出的現象之分別，然而，「在道心及齊物之心的觀照下，則萬物的差別可以混化爲一」〔註82〕，故莊子曰：「凡物無成與毀，復通爲一」。物在道心朗照下，適性而成其本然之存在，以自得自現，天下萬物既是其自然之是、在其自己之在，則雖物物萬殊，但這萬殊正是物物適性而然之呈現，故未有不足，既足，則萬物皆一足，位有不同，如是觀，又何復有美醜之曲折？故對於「莛與楹，厲與西施，恢恑憰怪」，莊子根本不耽溺於現象之分化活動，故不作美醜之遊戲，或用情於奇詭機變，而是超越於經驗概念之上，作如其自己之觀。故莛與楹，厲與西施，恢恑憰怪，「各冥其分，吾所不能異也」〔註83〕，換言之，當事物回歸於自己，誠然爲他自己的樣子，各然其所然，可其所可，在其之在，便不再受限於經驗概念下所成之分別相，於是，美醜、大小在自性的意義上，便可歸之齊一。

> 勞神明爲一，而不知其同也，謂之朝三。何謂朝三？曰狙公賦芧，

〔註82〕同注45，頁51。
〔註83〕郭象注，同注1，頁67。

> 曰：「朝三而莫四。」眾狙皆怒。曰：「然則朝四而莫三。」眾狙皆
> 悅。名實未虧，而喜怒為用，亦因是也。(〈齊物論〉)

莊子進一步舉眾狙之例，其朝三暮四，或是朝四而暮三，即是道之「有封」，
有封即「有是非」之別，有是非之別即是落入經驗現象之分化活動，故曰：「其
分也，成也；其成也，毀也」，彼此是非之分別，即是現象之有，皆為道之一
偏，遮蔽了道之整一性。眾狙陷於此分化活動，乃是執著於現象之有，其朝
三暮四、朝四暮三之分，其實皆只是經驗分化活動所給出來的，而不是道本
身所區別的，而不知一旦脫離了經驗分化活動，其實道本身是無損於三或四
的。眾狙不明此理，正如人著於偏執、成見，故而喜怒為用，徒然不知所求，
此即「勞神明為一，而不知其同」而已。

換言之，道乃自本自如，並未有所虧損，凡物適性自足者，即合於道，
乃不需外求，即不需有三四或四三之分，而能自得為一，是以王弼曰：「自然
之質，各定其分，短者不為不足，長者不為有餘，損益將何加焉？」〔註 84〕
一如月之盈虧，若要說月有虧盈，其實月無盈虧，其虧與盈，不過是自身之
變化，各自代表消長中的一部分，然而盈與虧皆是歸於自己之性。進一步說，
大自然中日月之交替，四季之嬗遞，其表象雖變化無窮，但道於物之如實呈
現，便是一種變化、循環之過程，即所謂道的恆常變化。故《易傳‧繫辭下》
曰：「天下之動，貞夫一者也」，其「貞一者，一者道也」〔註 85〕，道是為動
態之均衡，而非靜態之實體，其和諧整一，正是展現在它的生生不已、變化
不息，而其變化，正是其存在之實在之證明。〔註 86〕因此，若只著於變化之
一部分，則即刻落於道之一偏，進入經驗分化活動中，而有便成為現象之有
之對象分別。是故曰：「夫道未始有封，言未始有常」〔註 87〕，道作為超越經
驗的形而上者，乃是「可行已信，而不見其形」〔註 88〕，且不可「有封」，亦
不可言說限定的，因為一旦對象化，便有所分別，而任何將道加以區別的活
動，皆是對道之損害，故曰：「道可道，非常道」〔註 89〕，惟有適性自足，才

〔註 84〕孔氏正義疏：「……自然之質，各定其分。鳧足非短，鶴脛非長，何須損我以
　　　　益人」。
〔註 85〕詳見其注釋，唐明邦主編：《周易評注》（北京：中華書局，1995 年 8 月），頁
　　　　225。
〔註 86〕見本章第二節第五，道的恆常性之說明。
〔註 87〕同注 1，《莊子‧齊物論》，頁 83。
〔註 88〕同注 1，《莊子‧齊物論》，頁 55。
〔註 89〕《道德經‧一章》。

能使道整全地落實於物，亦使物自性自然地安頓於道，並朗現道的完好。

> 可乎可，不可乎不可。道行之而成，物謂之而然。惡乎然？然於然。
> 惡乎不然？不然於不然。物固有所然，物固有所可。無物不然，無
> 物不可。

「可乎可，不可乎不可。道行之而成，物謂之而然。」清・馬其昶（1855〜
1930）曰：「各有所行以成其道，各謂其物爲然，而異己者爲不然，皆私也。
非眞是所在。」〔註90〕也就是說，以成心見之，則正如眾狙之朝三暮四、朝
四暮三，皆是心之所偏所執，心著於三四之別，當下便落於經驗分化活動之
中，故其所見爲道之一偏。是以「物固有所然，物固有所可」，其然不然、可
不可之成，不過心所偏執之成，而不爲事物在己之成，正如莛楹、厲與西施，
在經驗概念上之大小、美醜，而豈眞有大小之分、美醜之區別？然而這區別
又是眞的嗎？莊子不認爲這區別是眞的，卻也不逕直說是假的，因爲一旦肯
定或否定，即有著於肯定及否定，反而又落入無是即非之概念框架，故莊子
以肯定與否定之兩行作解答，曰：「惡乎然？然於然。惡乎不然？不然於不
然」，以掀然而不然之義。換言之，若平息成心，而以道心觀之，則心不著於
三四、四三之別，亦不落於大小美醜之分，以物之自己而成作觀，則「物固
有所然，物固有所可」之所然所可，便也是「無物不然，無物不可」之不然
不可。故大山爲小，而秋毫可以爲大，殤子爲壽，而彭祖可以爲夭，其大小
夭壽美醜便可泯於適道自性之中。

　　因此，以道心觀覽天地萬物，則悟物物不過各得其所，適性自足，便能
將物由現象之有，超越爲形上之有，是以明所有萬殊之象，不過適之以道，
成之以性，理一而分殊，向上一層，則皆道通爲一而已，故曰：「已而不知其
然，謂之道」〔註91〕。此境所見，亦即：

> 天地，一指也；萬物，一馬也。（〈齊物論〉）

莊子「一指」、「一馬」之精神，不是說將萬物都看作一馬或一指，一馬一指
乃誠然立於形上而說。以道心朗照萬物，萬物則皆自性而生，故而由現象之
有脫出而爲形上自性之有，既移除了現象上的對象之分，故爲一，既爲一，
天地萬物又何復有所對待？而萬物既自性而生，各足其性分，又何有高下之
別？換言之，這裡所指的分別，並不是表象的分別、知識上之對立，而是指

〔註90〕錢穆：《莊子集纂》（台北：東大圖書股份有限公司，2009 年 8 月），頁 14。
〔註91〕同注 1，《莊子・齊物論》，頁 70。

自然之分際，即物適於自性下，所表現出來的自己之在。反過來說，其萬殊之在，正恰恰分受著道之存有，亦顯現了道之包容對待、渾化爲一的性格。故北宋・邵雍（1011～1077）曰：「夫所以謂之觀物者，非以目觀之，而觀之以心也；非觀之以心，而觀之以理也。」〔註92〕以道理觀之，則天地之別萬物之殊，亦不過同歸於一而已。

因此，勞思光先生說：「超越經驗認知而觀之，見其『通爲一』，皆『對象』而已」〔註93〕，而彼此對待之消解、對象分化之剝落，乃是必須向上提升，以「超越有無、彼此、是非、可否之兩端而忘之」〔註94〕的。而所謂兩忘，則必須以道適之而得，故莊子說：「得其環中」，清・錢澄之（1612～1693）曰：「天樞居中、斗柄環指、不滯一隅」〔註95〕，不滯一隅便是順物之本然，無所一偏，而無所一偏，即無所執於分別。換言之，即將兩對待之體，從現象之分化活動止息，復歸於道心之朗照。由是而知，經驗對待之消解，不能以認知心來撥除，而應是以道心來超越，而使物由現象之在回歸本然自身之在。如此，便能由現象之有向上超越爲形上之有，存在之實復自覺朗照〔註96〕，道亦不求自明。

是故，是非之辨中，莊子雖指出了經驗認知本身的盲點，體認現象上概念的產生是相反相成的，故而生對待之分。然而莊子之旨並非在經驗概念的絕對否定、捨去，其本義乃在取消經驗概念在所造成的之相對絕對化，以避免心靈在現象上一系列分化活動裏，執於執，著於偏，淪陷於成心之變現無以自拔，而在不相應的追求中與道相去愈遠。一如井底之蛙，困於井中，而不見全天，正如人於封閉的知識系統裏，遮蔽了道的真知之明。而齊物之所齊，亦不是要抹煞萬物之本質，使物在現象上齊頭式地相同，相反地，正是要使萬物是其自然之是、然其自己而然、在其自己之在。

是故，「因是」，乃是撥開經驗之分化活動、成心之曲折，進而超越爲道心觀照下（因無），所朗現的那物適道自性之有（因有），故物之有便能由現象之實存進而越爲自己之實存。而這在其自己之實存同時也彰顯了道爲存有

〔註92〕【宋】邵雍：《皇極經世書・觀物篇》（台北市：新文豐出版股份有限公司，1985年），卷六十二，頁433。

〔註93〕同注16，頁262。

〔註94〕陳德和：《道家思想的哲學詮釋》（台北：里仁書局，九十四年一月），頁152。

〔註95〕同注90，頁13。

〔註96〕亦即勞思光先生所說的：「自覺之直接發用。」同注90，頁257。

的特性，乃超越表象的、純然自性、獨立而眞實的，這便是「因是」之在物。

三、因是在人

此節則由物與道之關係，進而言人與道之關係。

道在物，物以實現自性，物在其自己，道在人，人亦因道而實現人之存在意義，故亦使人如其自己，因此，天道即是自然，自然便是道的體現，故《道德經・五十一章》曰：「道生之，德畜之，物形之，勢成之。是以萬物莫不尊道而貴德。道之尊，德之貴，夫莫之命而常自然。」道在天地萬物或曰「自然」，在人則曰「德」〔註97〕，《莊子・天地》曰：「通於天地者，德也」，人應於天道，而蓄之以德，即所謂天人合德〔註98〕，曰：

是以聖人不由，而照之于天，亦因是也。（〈齊物論〉）

《莊子・秋水》曰：「天在內，人在外，德在乎天」，人乃以天德爲德，以道心爲心，將天道內存於心的，以內外相合，換言之，「人與自然是有一種內在的聯繫，而不是外在的對待關係」〔註99〕，故天道不但是客觀世界之原理原則，亦內存於人主觀之心靈精神。是以王邦雄（1941～）說：「道之生化萬物，是以德之內在的方式，以蓄養成全萬物」〔註100〕，由是可知，道是「德」的內在根據，而「德」亦即道的性格落於形下之實現，因此，人必須經過蓄「德」的實踐〔註101〕，才能與天道冥合。換言之，蓄德之實踐，即天道落實於人心之實踐，亦即心爲道心之發用，故「聖人不由，而照之於天，亦因是也」，照之於天即是照之於道，成玄英疏：「照以自然之智」〔註102〕。換言之，也就是以莊子說的眞君、眞宰之朗照萬物（因無），使物如其自己而然爲呈現（因有），此即所謂「因是」之在人。

〔註97〕「『道』是指未經滲入一絲一毫人爲的自然狀態，『德』是指參與了人爲的因素而仍然返回到自然的狀態，可見到家所說的『道德』是著重於順應自然的一面。」陳鼓應《老子今註今釋及評介》（台北：臺灣商務印書館，2008年），頁12。

〔註98〕【魏】王弼注：《老子道德經・第七十七章》曰：「與天地合德，乃能包之。如天之道，如人之量，則各有其身，不得相均。如唯無身無私乎自然，然後乃能與天地合德。」

〔註99〕蒙培元：〈論自然〉，同注43，頁24。

〔註100〕王邦雄：《老子的哲學》（台北：三民書局股份有限公司，民國六十九年九月），頁82。

〔註101〕即透過「無適焉」之工夫，此待第肆章説明。

〔註102〕同注1，頁67。

　　倘若心落於現象之分化活動，則此道心之朗照便不復存，心則當下轉爲成心。所謂成心，即「由此自我觀念的形成，即展示爲自我偏向的矢向。此矢向有向下、向上二途：向下者，自我沉淪於感性生命，與俗同流，我們稱之爲世俗化矢向；向上者，自我展開無限追求及完整化二矢向，假借理性的運用，不斷擴展、膨脹，以致漫蕩外馳耗散，而不知所歸」〔註103〕，而成心之作祟，亦將「使世界破裂爲眞相與假象的二元對立，所以是對立性的異化」〔註104〕。換言之，進入現象分化活動的生命情態，所展現的乃是道之坎陷，故遂有「仁義之端，是非之塗」〔註105〕之生，以至使「道隱於小成，言隱於榮華」，是以莊子曰：「道之所以虧，愛之所以成」，便是說道於成心之蔽。

　　然而大道是整一的，本身乃無所區別。正如朝三暮四或朝四暮三之喻，其三四、四三之別只是成心所成。因此，至人必照之於天，消解成心，而復以道心觀物，使事物回歸事物之本然，如此，方可從經驗現象之分化活動中超拔而出，撥開對待分別，以應現象之變化無窮〔註106〕，而不以無窮變化所滯。是以《莊子・德充符》曰：「人莫鑒於流水而鑒於止水。」《荀子・解蔽篇》亦曰：「虛壹而靜，謂之大清明」，流水之變化萬千，正如經驗現象之是非彼此，乃因所立不同而有所見所成，以致流水之象有變形者，乃至於殘破者，然而，這些皆不爲整全之象，正如成心所成之朝三暮四，恢恑憰怪。然而一旦成心止息，道心由對待消解中返顯，則恍如止水之照，其所鑒便得一清明大全之象。故治心〔註107〕便成爲人內在關鍵之主宰，以道心蓄天德，人的生命情狀才能開展出如其本然的眞，而不是「彼亦一是非，此亦一是非」〔註108〕，自彼則不見之知識曲折，亦非「與物相刃相靡，其行盡如馳」〔註109〕之生命負累。

〔註103〕陶國璋：《生命坎陷與現象世界》（台北：書林出版社，1995年4月），頁106。

〔註104〕同注19，頁223。

〔註105〕同注1，《莊子・齊物論》，頁93。

〔註106〕同注1，《莊子・齊物論》曰：「樞始得其環中，以應無窮」，頁66。

〔註107〕《荀子・天論篇・第十七》曰：「心居中虛，以治五官，夫是之謂天君」，故治心而能知天，《孟子・盡心上》亦曰：「盡其心者，知其性也。知其性，則知天矣。存其心，養其性，所以事天也。夭壽而不貳，修身以俟之，所以立命也」，故正其心，執守於德，以涵養天道，對於「道德」的實現是很重要的，所以《四書章句集注・論語集注述而》朱熹說：「據德，則得道於心而不失」，見【宋】朱熹：《四書章句集注》（台北：大安出版社，2006年8月），頁489、126。而道家的治心，是治於用心若鏡的，此留待第肆章第二節說明。

〔註108〕同注1，《莊子・齊物論》，頁66。

〔註109〕同注1，《莊子・齊物論》，頁56。

綜合上述，於萬物而言，物皆因道之照（因無），而朗現自性之有（因有），而不落於經驗現象之一系列分化活動；在人而言，其眞實之人生，亦是「有」「無」相依存的，一爲表一爲裏，必有所發揮而互相聯繫，故不能耽於追求「無」，乃因爲道的精神必須落實於「有」而實現，然而亦不能於執著於「有」，因謂一旦執著於有，成心則起，則在其自己之有便將落於現象之有。換言之，其「無」──即道心，或曰仁、自由意志、精神、信念、價値等等，所以此「有」──實踐爲人之所已爲人的存在，得以自我實現，成了眞實之實存；而也因爲「有」之眞實，故「無」得以貫通朗現，於是物復能由道心之照，而適性自足，而人亦能從成心桎梏中解脫，得到如其自己之自由。是故，「因」的對象，並不是純然的「有」，也並非純然的「無」，而是合一的，莊子曰「因是已」，其微言大義，由是可見。

四、天人合一

是故，「因是」在人，即是天道（無）蓄之於人心而爲道心，實踐天人合德之存在（有），此即人之所以爲人之、如其自己而然的生命情態，乃道心之在，是爲人之自然；而「因是」在物，即物在此道心朗照下（無），適性而如實之存在（有），此即所謂道心之照，是爲物之自然。而由此進一步，將物我之自然向上一層之綜合，即提升成爲物（物之自在，爲客）我（道心之在，爲主）合一，亦即天（天道）人（道心照萬有）合一之境。曰：

> 天地與我並生，萬物與我爲一。（〈齊物論〉）

是以物法自然，人亦法自然，故《道德經・二十五章》曰：「人法地，地法天，天法道，道法自然」，道與物，人與道，萬物與人，其輾轉相法，皆法自然，換言之，物我之存在接歸攝於道，道即是物我生命之共同核心，皆體現道於自然，亦於自然中實現自己之存在。於是，由物我之自然共進，向上一層提升，進一步超越物我之對待，便成爲一大自然。如此，則「世界便不再是一個外在的世界，而是與生命活動內在一體的世界」〔註110〕，復得開展「天地與我並生而同體，萬物與我爲一而同類」〔註111〕物我爲一之境。所謂物我爲一，「這種理解並不意味著道家要將人性降低爲物性，或是將人的本質降低爲

〔註110〕顏世安：〈生命・自然・道〉，收錄於陳鼓應編：《道家文化研究》第一輯，（北京：三聯書店有限公司，1992 年 6 月），頁 116。

〔註111〕引北宋・呂惠卿（1032～1111）之言。

自然本能，只是要表明他們是著重從生命的本源性、本然性以及人的生命與萬物生命的有機聯繫中去考察人的生命本質和本性，表明他們考察人的生命本質和本性的參照系不是社會而是宇宙，其價值尺度不是社會而是自然。」〔註112〕因此，人之精神，不再為現象之變化之虛實無定而終身役役，亦不必落於對象分化之活動而茶然疲役不知所歸，人得以於自然之中，冥合道之續續，外以用物，內而安神，不但能以己之情而觀物，更能以物之情而返觀於我，而不陷於物我隔閡之曲折。

而此物我無待之關係，即主客關係之消融、超越，向上提升而達於天人合一的辯證過程，正如黑格爾所云：「理念也可以被理解為理性，理解為主體——客體，理解為觀念性東西和實在性東西的統一性，理解為有限和無限東西、靈魂與肉體的統一性，理解為在其本身中具有其現實性的可能性……，整體來說，理念自身包含著知性的一切關係，不過卻是在自己的無限回歸和自身同一性中包含著」〔註113〕。上述統一性即綜合〔註114〕，同一性即消融存在之劃分，所謂「同一性，指相對雙方的一致或共同。任何相對的統一體，所以能夠彼此結合在一起，就是它們之間具有某種一致性。然而這種辯證的一致性，不是事物自身無差別的等同，也不是從外在的比較之中得到的共同性，而是指對立之間的相互同一。落實地說，相對的一方，只有在與它相對立的另一方發生關聯時，才能獲得自身的肯定，並通過對方的映現而使自身獲得認定；也因此，每一方如果失去對方，就無法表現同一性。以故，同一性必須在對立相反之中才能產生，包含著對立和差異。」〔註115〕也就是說，矛盾力與統一之調合，二者並不衝突，乃事物之發生與完成之必須，此矛盾終究在自身之中被統一，而完成「合」，即所謂消解自身，達於無境。故〈彖〉曰：「保合太和」，其「保和太和的矛盾調和狀態是普遍有利的，是事物發生

〔註112〕 李霞：《生死智慧——道家生命觀研究》（北京：人民出版社，2004 年 5 月），頁 62。

〔註113〕 德國・黑格爾（Georg Wilhelm Friedrich Hegel，1770～1831）著，薛華譯：《哲學科學全書綱要》（上海：上海世紀出版集團，2002 年 10 月），頁 125。

〔註114〕 其正如黑格爾之三元式辯證，存在的矛盾性是必須的，「自身存在」必須具有反方向發展的變化來成立，但整體存在則是更高一層次的所為「在己及為己」之綜合。同注 55，頁 60，參見討論黑格爾辯證術之章節。

〔註115〕 轉引自注 69，頁 179——見《哲學概念辨析辭典》「同一、統一」條，頁 98；《哲學大辭典》「同一性」條，頁 548；《中國大百科全書》（哲學）「矛盾的同一性」條，1：598～9。

發展的根本所在」〔註116〕，相反相成的矛盾力表現爲變化流動，而變化流動卻也是道呈現於自然之本質，此乃道（代表原理的「無」）本爲續續不已（代表自然之「有」）的動態循環，故必向上帶往道之綜合，以遊乎道之變化和諧。換言之，除了從現象之分化活動，泯除了彼此是非，兩行對待之外，最後亦必須透過矛盾之統一、向上超越有無對待，將有無皆攝，才能朗現那道之整一，而達於天人合一之境。

　　是故，若將絕對理念視之爲道，而人之精神爲主體，萬物之自然爲客體，透過「理性克服客觀自然，復返於其身，依其自覺之心，演進於無竟」〔註117〕，則主體與客體便能臻於和諧，由二元消融爲一，而歸之於道，此即爲本質之絕對、存在之眞實，故曰「存在之眞實即本質」〔註118〕。亦即，當「存在」與「理性」純粹一致而達於絕對〔註119〕，即是主客合一之超越。換言之，由道心（無）之朗照，而顯露、實現〔註120〕那物之自己之存在（有）時，便是物之自在（客）與道心精神（主）之合一，亦即達於天（天道）人（道心又復照萬有）合一之境。

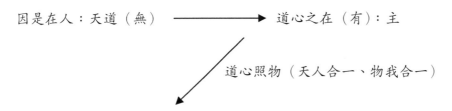

　　是故，以道心照之（無），即物之在（形上之有）而離物之在（離其現象

〔註116〕同注85，頁3，評析二。

〔註117〕詳見黑格爾之《哲學類典導言》及《大邏輯》，上文參引自注55，頁133。

〔註118〕「『內在的』指本質之爲形式，本質之爲物，有其直接對於存在之決定；『外在的』指外在之形式，有其本質之決定，而關係於反應，內外一致爲絕對的統一，即成絕對自身，是即『絕對的同一』absolute Identität，亦即『絕對的現實性』，是乃本體（實體 Substanz）之化身。」同注55，頁38。

〔註119〕最高「絕對」本體必然與「理性」思維互相完成。詳見吳康論黑格爾之絕對理念：「理性是實體全部自覺之自覺的眞實，萬物所指向之終點。而理性即『法則』自身，『存在』依照此法則而產生、而構成、而發展。理性同時爲主觀的心能與客觀的實在；理性在『我』（精神），則爲我的『思維』之本質與規範，理性在『物』（自然），則爲物的進化之本質與法則」。同注55，頁20。

〔註120〕或用較唯心的動詞「創生」，更可以表現這裡所說的那心物間達於一致之關係。

之有），此即所謂：「和其光，同其塵，是謂玄同。」〔註121〕正如天籟之寓言，天籟乃眾竅成聲之道理，眾竅爲之成聲，而人籟、地籟乃爲天籟之彰顯之落實。故若以道心觀之，則雖所見人籟地籟，然其所聞俱是天籟。故眞人聽聞人籟地籟（有），未只停留在其人籟地籟之聽（有），而是超越地聽聞天籟（無）而不離人籟地籟之具體眞實（有），此即所謂：「常無欲以觀其妙，常有欲以觀其徼，此兩者同出而異名，同謂之玄，玄之又玄，眾妙之門。」〔註122〕換言之，道之神在「無」，道之用在「有」，「有」依「無」而有所出，「無」亦寓「有」而有所承，亦即，作爲「一」的道，與作爲「一」朗照而呈現的「不一」之形上之有，乃是相依相成，「不一」歸之於「一」所朗照，「一」又爲「不一」之所本。換言之，即以「一」攝「不一」、以「無」攝「有」，其「不一」與「一」之共在〔註123〕、「有」與「無」之重玄，才是那道的玄妙之所、整一之在。

是故，道之在人，人以道心合德，以及道心照物，物以自己之在，這是第一層的「因是」。由此向上一層，即是物、我提升之爲物（物之因是）我（人之因是）合一，而物我爲一，則即天（天道）人（道心照萬有）合一之境，這是第二層的「因是」。綜而言之，道既是與天爲徒，亦與人爲徒，則天、人不僅不是對立，而且亦是不相勝的和諧一致，故曰：「天地與我並生，萬物與我爲一」。天人合一，復照萬物，則萬物無不與我爲一。是故，藉由兩層「因是」之辯證、提升，於是生命中那些看似矛盾的對立，終將在道心下回歸於自我的同一，成爲天人合一的生命情態，至此，「因是已」的意義便全體大明。

〔註121〕《道德經・五十六章》。
〔註122〕《道德經・一章》。
〔註123〕牟宗三（1909～1995）先生説：「其一與天爲徒，即其圓照之自己。其不一與人爲徒，即順物而有差別。但我無心於差別，則雖差別亦不碍其本身圓照之一。」同注9，頁210。

第肆章　因的工夫——無適焉

綜合上述，天人關係必然透過主客辯證上升至主客合一，這是以思之方式思其進程，然而實際上，此進程乃必須以剝落、消解的形式實現。在莊子，便是透過無爲無待、心齋坐忘之實踐來達至主客之辯證、消融，此即「無適焉，因是已」之「無適」。郭象云：「達者因而不作」〔註1〕，成玄英疏之：「達道之士，無作無心」〔註2〕，又說：「無所措意於往來，因循物性而已矣。」〔註3〕換言之，無作無心、無所措意的「無適」，便是「因」的具體實踐工夫。以下便就其實踐工夫之層層遞進，分爲兩個層面討論：一是無爲、無待，二爲心齋、坐忘，以彰明因而不作、無所措意於往來之精神。

第一節　無爲無待

道之眞知不是由知識所堆疊，而是被知識所包覆的；亦並非透過追尋而得，而必須是自我朗現的。因此，透過無爲無待消解式的實踐，層層撥開，而可以由無爲處說自性之顯，進而翻越出因其自然；以無待處說眞知之明，進而超越爲絕對無待。

一、無爲之自性——因其自然

唯達者知通爲一，爲是不用而寓諸庸。庸也者，用也；用也者，通

〔註1〕【清】郭慶藩：《莊子集釋》（北京：中華書局，2010 年 11 月），頁 73。
〔註2〕同上注。
〔註3〕同注1，頁 83。

也；通也者，得也。適得而幾矣。因是已。已而不知其然，謂之道。
（〈齊物論〉）

《道德經‧四十八章》曰：「爲學日益，爲道日損。損之又損，以至於無爲。無爲而無不爲。」無爲即是形下之「損」，〈象傳‧損〉曰：「損，損下益上，其道上行。」「損」即消解之實踐，損之又損以向上至於絕對無待，將外在有爲的負累層層撥開，以向內與道冥合，成全萬物之自性自生。換言之，「以至於無爲」即是使客觀地使客觀物質──亦即整個宇宙世界、天地萬物，依循其固有原則、本質，而呈現自身面貌，使道在天地萬物中自然流佈，故謂之「上行」，上行而達道，而人之心靈亦在此狀態中，與冥合自然，復歸其本然之眞實。

因此所謂「無爲」，並不是靜態的什麼都不做，相反地，「無爲」恰是動態的「因而不作」〔註 4〕，即所謂「因是已」。在不外加造作，以道心朗照物之自然之在，使物在不傷自性的狀態之下，適性自足，此自性之足，便是物之自用。而進一步，由自身推之於萬物，則更能將他用轉而寄乎自用之中，使自用與他用共生共榮，正如成玄英所云：「因循萬物，影響蒼生，不知所以然，不知所以應」〔註 5〕，此無爲之無不爲，即所謂「不用而寓諸庸」。故無爲並非眞無所爲、無所用，不用而寓之於用，才是道家無爲的意義。道家透過此種看似消極的無爲實踐，反而成就了物之自性而以自用的積極性，這一特殊的反顯模式之實踐，固然與傳統儒家仁心直發、命令式的道德實踐不同，然而，在道家將道德完成之目的性之用，化爲無目的性之不用時，這不用反而以自性之用完成了道德實踐。是以道家和儒家最終亦殊途同歸於道（道在儒家的內涵爲仁）之彰顯，只是道家之實踐過程乃無爲而致，不知其然而然，不求其成而成，因道適性而已。故曰：「已而不知其然，謂之道」，不知其然即是說無爲不用之無所目的，然而無爲底下的適性自用，卻又恍惚玄冥於道。

古之人，其知有所至矣。惡乎至？有以爲未始有物者，至矣盡矣，不可以加矣。其次以爲有物矣，而未始有封也。其次以爲有封焉，而未始有是非也。是非之彰也，道之所以虧也。道之所以虧，愛之所以成。果且有成與虧乎哉？果且無成與虧乎哉？有成與虧，故昭氏之鼓琴也；無成與虧，故昭氏之不鼓琴也。昭文之鼓琴也，師曠

〔註 4〕 郭象注曰：「達者因而不作。」同注1，頁73。
〔註 5〕 同上注。

之枝策也，惠子之據梧也，三子之知幾乎！皆其盛者也，故載之末年。唯其好之也，以異於彼，其好之也，欲以明之彼。非所明而明之，故以堅白之昧終。而其子又以文之綸終，終身無成。若是而可謂成乎？雖我亦成也。若是而不可謂成乎？物與我無成也。是故滑疑之耀，聖人之所圖也。為是不用而寓諸庸，此之謂以明。（〈齊物論〉）

是故，無為的意義，第一便是自用，亦即自性之用。莊子說：「是非之彰也，道之所以虧也。道之所以虧，愛之所以成」，《莊子·人間世》亦曰：「意有所至而愛有所亡」，有時特意強調事物某方面的功能，反而會為此所害，如《莊子·應帝王》中：「虎豹之文來田，猿狙之便、執斄之狗來藉。」虎豹因為皮毛之美，所以為之殺取，猿狙以其敏捷可愛，故為之把玩，而狗之善狩，故為之豢養，正如珍貴的象牙，人貴難得之貨，所以人人都想拔下它，此皆以其技而累其身，正如意之至而愛亡，諸如此類者，無論古今，比比皆是。如歷史上的戰國末·韓非（約 280～233 B.C.），便因其學識淵博，鋒芒畢露，而慘遭秦·李斯（280～208 B.C.）陷害，此皆為「用」所害。況且，有一偏之執，則相對有一偏之失，換言之，有一方面之彰顯，相對地便會產生另一方之失之蔽。故昭氏之鼓琴，其「鼓商則喪角，揮宮則失徵」〔註6〕，一旦有所用，則用便將成為用本身的限制，例如木材假使作成筷子，便成了筷子之用，而除了筷子的用途，便不能是其它用途，故曰：「山木自寇也，膏火自煎也。桂可食，故伐之；漆可用，故割之。人皆知有用之用，而莫知無用之用也。」〔註7〕故有《莊子·人間世》之社樹、支離疏，正因為無處可用（不符合社會價值），而能不被任何一項用途限定（不被社會價值所框限），因此得以保全自身之性（無損精神之自由），於是乃能從他用之限制跳開，將用回歸於自用（創造自己的價值）。因此，自用則不求於外，無所外求則無所偏溺、方所，是以「予求無所可用久矣」〔註8〕，郭象又云：「自用者，莫不條暢而自得」〔註9〕，故無為以用久，此用即建基於適性而自足上，此即無為自用之意義。

　　但無為不用並非僅止於保全自性的獨善其身，反而進一步，更將獨善其

〔註6〕 成玄英疏「無成與虧，故昭氏之不鼓琴也。」曰：「鼓商則喪角，揮宮則失徵，未若置而不鼓，則五音自全」。同注1，頁76。

〔註7〕 同注1，《莊子·人間世》，頁186。

〔註8〕 同注1，《莊子·人間世》，頁172。

〔註9〕 同注1，頁72。

身向外擴大，以而兼善天下，這便是無為的第二個意義，即是亦將他用轉而寄乎自用中而發揮。例如，社樹之無為不用，除了適其自性為樹，保全了樹的樹性外，其樹本身更可作為人們乘涼或遮風避雨處、鳥兒築巢處、甚至成為一觀光勝地之標地，而使人潮湧至，繁榮周遭，故郭象曰：「使羣異各安其所安，眾人不失其所是，則己不用於物，而萬物之用用矣」〔註10〕，便說明了他用寄乎自用之中的意義。換言之，無為自用除了保有己之自性，也保住了他物之自性，而當他用不為自用所限，自用不為他用所制，則自用與他用便各適其用，而可以共生共榮，此即「用而忘用，寄用羣才」〔註11〕，故能由小用化為大用，將用發揮至最大，而可以兼用天下。

第三，從無為來看自用與他用之關係，進一步便能得出互不相勝的意義，故莊子舉了昭文、師曠、惠子之例，來說明自用所以能兩不相傷。昭文鼓琴、師曠枝策、惠子據梧之天才，在己是為用，但用之於他人則不一定能傳承其技之神，而發揮這個用，因此，鼓琴、枝策、據梧之用到了他者身上便可能無法作用，或降低了用的效率，這個用便不再那麼有用。換言之，己之能不成他之用，你不能是你，我亦不能是我，在這樣的狀況下，兩方皆不能有成，故曰：「若是而可謂成乎？雖我亦成也。若是而不可謂成乎？物與我無成也」。是以，為解決物我不相成，使兩者皆有成，則必須轉換用的內涵，以建立新的自用與他用之關係，這個用的內涵便是自性之用。當物物皆以自性之用為用，則不役於他物之用，亦不礙他物之用，故自用與他用便能在兩不相勝之下，而兩不相傷，各全自性。是以郭象曰：「聖人不顯此以耀彼，不捨己而逐物，從而任之，各冥其所能，故曲成而不遺也。」〔註12〕有一方之顯耀，必有一方之失色，倘若各安其所能，任其所用，其所能成其所用，所用不蔽其所能，則可以自用不遺。換言之，物皆自用以自成，就己而言，自用則無所虧，就他而言，則亦無所謂成與不成，故亦無不成之虧，故郭象曰：「物皆自用，則孰是孰非哉！」〔註13〕物物無為而各適其自性，則自用為是，他用亦為是，是以能互不相勝、兩不相傷，因此互無成虧，故兩用皆可共存共榮。

莊子進一步舉出了大道、大辯、大仁、大廉、大勇五項，以無為的否定

〔註10〕同注1，頁78。
〔註11〕成玄英疏「為是不用而寓諸庸」，同注1，頁72。
〔註12〕同注1，頁78。
〔註13〕同上注。

之肯定方式〔註14〕，來說明無爲在形上層、經驗層、以及價值實踐之發用。

> 夫大道不稱，大辯不言，大仁不仁，大廉不嗛，大勇不忮。道昭而
> 不道，言辯而不及，仁常而不成，廉清而不信，勇忮而不成。五者
> 圓而幾向方矣。故知止其所不知，至矣。（〈齊物論〉）

《莊子‧大宗師》曰：「夫道有情有信，無爲無形，可傳而不可受，可得而不可見。」有稱即是有所範域，既有所限定，則便有非限定之處，故便不能是整全稱，曰：「夫道未始有封」〔註15〕，故大道不稱，其之爲物，唯恍唯惚〔註16〕，無爲無形，其旨便在不傷道之整全，而以體現其情其信，郭象云道乃付之自稱，而自明自彰。同樣地，有所愛即有所偏私，在天即道之有所封限，在人即所謂成心之分化活動。是故，莊子以無爲不作，適物之自性，來取消愛慾之偏私，天道之坎陷，故曰：「天地不仁，以萬物爲芻狗」〔註17〕。仁之有施則有仁之不施，換言之，天地若任萬物自生，一則不傷自性，二則未有所私，故能免去愛、執、偏、私，是以物物皆能自性自成，物物則皆無所虧損。故大仁之施，應是使天地萬物自性潤覺，此即「大仁不仁」。而既然萬物皆各適自性，自然〔註18〕以自別〔註19〕，故亦不需有言以辯說彼此，曰：「言未始有常」〔註20〕，是以兩行彼此，合其是非，將彼此是非揚棄，而高越消融爲一，取消現象上有的分別，而回歸至形上之有。有之自性既已由是自別，又何需加諸分別，如紀伯倫說的：「我說的話若含有眞理，那眞理將會以更清晰的聲音、更接近你們思想的語言呈現」〔註21〕，這更清晰的聲音、語言，便是莊子所謂的「大辯不言」，即無言之言〔註22〕。而價值實踐上廉、勇之追

〔註14〕即正言若反之形式。所謂正言若反之否定，並非一般否定的概念，而應解爲「不被囿限」之意義，使萬物依循他自身的本性生長循環，因其自然而發展，以保存其的本眞狀態。故以下之不稱、不言、不仁、不嗛、不忮，皆應如是理解。

〔註15〕同注1，《莊子‧齊物論》，頁83。

〔註16〕《道德經‧二十一章》：「道之爲物，唯恍唯惚。忽兮恍兮，其中有象：恍兮忽兮，其中有物。窈兮冥兮，其中有精：其精甚眞，其中有信」。

〔註17〕《道德經‧第五章》。

〔註18〕郭象曰：「自己而然，謂之天然。」同注1，頁50。

〔註19〕郭象注「大辯不言」曰：「已自別也。」同注1，頁86。

〔註20〕同注1，《莊子‧齊物論》，頁83。

〔註21〕紀伯倫（Khalil Gibran）著，宋碧雲譯：《先知──紀伯倫的永恆之歌》（台北：志文出版社有限公司，2007年8月），頁122。

〔註22〕成玄英疏曰：「妙悟眞宗，無可稱說，故辯彫萬物，而言無所言。」同注1，頁72。

求，亦與名謂之競逐相同，其無止盡之追索，不但是一種徒勞，並且不自覺變形為慾望，追求遂成為了缺乏，因此，廉清之機心反而陷落於不信，勇忮之爭鬥結果卻是一無所成，故莊子曰：「大廉不嗛，大勇不忮」，便是說有謙則有驕，無謙則無驕，忮勇則有爭，故無勇則無爭，當追求不再是欲望之目的，它便不再是羈絆與匱乏。

　　是故，逐外物與捨自性，乃同歸於不知其分，故又曰：「知止其所不知，至矣」〔註23〕，知止於其所不知，換言之，即是止於性分之知，這裡再次強調了自性之知，以及自性之用。若捨自性之用，而逐外物之用，便會導致「圓而幾向方」之結果。是以〈中庸〉云：「君子素其位而行，不願乎其外」，安其所當，不求於外，故莛與楹、厲與西施、秋毫大山、殤子彭祖、學鳩大鵬，皆得以自性而然，復無醜無美、無大無小、無亢無卑，是以物能兩不相勝，故能兩不相傷其性，而成其自性、全其自用，由之推而兼用於天下，此即依自性之無為所展開的「為是不用而寓諸庸」。

　　莊子並引用《淮南子・本經訓》：「逮至堯之時，十日並出，焦禾稼，殺草木，而民無所食。」之典故，以十日並照，比喻有為之害，再反覆說明「為是不用而寓諸庸」之義：

　　　　故昔者堯問於舜曰：「我欲伐宗、膾、胥敖，南面而不釋然。其故何
　　　　也？」舜曰：「夫三子者，猶存乎蓬艾之間。若不釋然，何哉？昔者
　　　　十日並出，萬物皆照，而況德之進乎日者乎！」（〈齊物論〉）

十日之照，結果萬物乾枯，如揠苗助長〔註24〕般，反而與日照的美意相悖而馳。因此，莊子說無為，乃意在避免如十日並出般弄巧成拙，有為反而成了無有為。然而無為並不是全然不為，十日乃炙，無日則寒，一日之照，反而剛好能使萬物在充裕的陽光下，自然生長。是故，后羿射日，仍留下一個太陽，並非毫無道理。一日之照就好比道之化生，《象》曰：「益動而巽，日進無疆。天施地生，其益無方」，其施化天地，進而滋養萬物，其普照正顯現了道的潤生性；另一方面，萬物因照而自然生長，也說明了「自然生長」乃在於道之照。程頤曰：「心也、性也、天也，一理也。自理而言為之天，自秉受

〔註23〕郭象注曰：「所不知者，皆性分之外也。故止於所知之內而至也。」同注1，頁88。

〔註24〕《孟子・公孫醜上》：「宋人有閔其苗之不長而揠之者，茫茫然歸，謂其人曰：『今日病矣，予助苗長矣。』其子趨而往視之，苗則槁矣。」【宋】朱熹：《四書章句集注》（台北：大安出版社，2006年8月），頁319。

而言為之性，自存諸人而謂之心」〔註25〕，換言之，天地萬物順承天道而化生，而此內在之性（在物）、心（在人）則藉由道之照，而朗現出來，此即所謂自然。〔註26〕自然而化，《莊子‧秋水》曰：「物之生也，若驟若馳。無動而不變，無時而不移。何為乎，何不為乎？夫固將自化」，無心而任自化者，然其自然，即郭象所謂：「物暢其性，各安所安，無遠邇幽深，付之自若，皆得其極，則彼無不當而我無不怡也。」〔註27〕付之自若，即是適性而足，足則無心於差別，故而能安於自性，而不與物相傷。章炳麟（1869～1936）《新方言‧釋言》曰：「今人謂物之安、事之定曰亭當」，故人人各當其自在、物物各安於自性，則皆亭亭當當，彼不失彼之為彼，我亦能合於我之為我。

綜合上述，一日之照即天道之化，天道之化即謂秉受之自然，而這任道之照，自然生長的過程，便是「無為」。而所謂「無為」，並非不為，無為乃正言若反之形式。因此，「道家說『絕聖棄智，絕仁棄義』，並不是從實有曾上否定；而是一種作用地否定（遮撥的方式），以達到作用地肯定或作用地保存」〔註28〕，作用地保存亦即撥開有為造作以保留事物之本真。故《道德經‧五十一章》曰：「故道生之，德畜之；長之育之；成之熟之；養之覆之。生而不有，為而不恃，長而不宰，是謂玄德」，其「不」並非一組組否定概念，而應理解為「不被圍限」、「化除有為」之意義，使萬物在無為下，免去有為造作的干擾，依循自己的本然之性，為其自己之在，在其自己之用，撥雲見日，故所在乃「以道為存在性」〔註29〕之自在，其用乃適道之自用。以此，不有、不恃、不宰，其實便是在道之蓄養下，成全了自有、自恃、自宰。換言之，「無為」之旨乃「從有差等偏私的善回歸道包容天地萬物的無偏愛的善。」〔註30〕故《莊子‧大宗師》曰：「天無私覆，地無私載」，無所為，以全其萬物之自然，無所私，以保存本真之狀態。是以《道德經‧七章》曰：「天長地久。天地所以能長且久者，以其不自生，故能長生。是以聖人後其身而身先；外其

〔註25〕同注24，頁489。
〔註26〕即本文第參章第二節之因是在物、因是在人。
〔註27〕同注1，頁90。
〔註28〕蔡仁厚：《中國哲學史‧上冊》（台北：台灣學生書局有限公司，（台北：台灣學生書局有限公司，1988年），頁207。
〔註29〕崔宜明著：《生存與智慧──莊子哲學的現代闡釋》（上海：人民出版社，1997年5月），頁182。
〔註30〕陳張婉華：〈老子對死亡的看法〉，收錄於陳鼓應編：《道家文化研究》第十四輯，（北京：三聯書店有限公司，1992年6月），頁85。

身而身存。非以其無私耶？故能成其私。」天地之久長，乃在於天地能因任自然之變化，使其萬物恃道而化、自性而生，如此放掉了對「生」的汲汲營營與刻意，反而能成全其自生，彰顯存在之自身；同樣地，「聖人後其身而身先；外其身而身存」，以合於天道（無為）為首，而不以為己（有為）為先的。然而，聖人之心冥合天道，在道心朗照下，其存在乃是自照自發的，自明自證的，因此，這個後身之無為，反而使之更趨近於人的真實存在。況且，聖人不以喜悲好惡執於心，故能度外而保全其心，不以巧佞機變而執於身，故能全守其身，不私而自成。因此，「無為」不只是本體論地適性而然，其自用、他用的兩不相傷、互不相勝之和諧，更能進一步推之於為人、應世與經世之層面。

（一）無為在人

第一，亦即無所外求，安於本分。朱熹曰：「有所逐謂欲」〔註31〕，有所欲亦即有求，有所求則復有所為，欲望誘使心靈向外需索，然而向著世俗價值之外在之需索只是徒然追尋，而淪為成心變現下的陷落，並不能引領生命安立真正的價值意義，反而導向自我異化，致使生命徬徨不安，喪失本來生機。因此，「生命應以自身為目的，任何身外之物都不值得生命為之付出犧牲，否則就是生命的異化」〔註32〕，而生命自身之目的，應是向內返之於自身，而這也就是無為的第四個意義，即是外在目的的內在化，也就是將外求之心收攝於內在的與道契合，使外求的目的消融於內，轉化為合於目的卻消融目的於無為。故《莊子·秋水》曰：「無以人滅天，無以故滅命」，嚴復（1854～1921）亦曰：「不以人賊天」，即不以人為之造作變故，而損害天生自然的天道，換言之，即必須透過減損慾望的工夫實踐，捐除、消弭慾望，息止指慾望之心。故《損卦·象》曰：「山下有澤，損，君子以懲忿窒欲」。然而這個「懲忿窒欲」，並非要人飢不食、渴不飲，違背自然的生理機能，或抑制適當的需求，消極而喪失行為能力，懲忿窒欲應是指人的心靈，在已有所為的經驗世界當中，應當盡其所能地避免慾望之陷溺，使「自覺心不陷溺於任一外在事物」〔註33〕。藉由內在慾望之止息、外在造作之捐損，將「自然」化

〔註31〕 【宋】黎靖德編：《朱子語類·卷五性理二》。
〔註32〕 詳參閻习生虎：《莊子的生存哲學》（北京：中國傳媒大學出版社，2007 年 5 月），頁 29。
〔註33〕 勞思光著：《新編中國哲學史（一）》（台北：三民書局股份有限公司，2005 年 4 月），頁 230。

爲「生活實踐的一種態度」〔註34〕，心得到了淨濾，人的精神生命故得以提升，其心靈亦回歸於恬淡。如此，精神生命復能與天道相合，安適自然之純眞，舒暢豁達，而不再拘執憂慮。〔註35〕

　　換言之，「道家是從現生命的坎陷，直下感觸到生命的無明性，而提出『無爲』。無爲是『無』至乾乾淨淨的本來生命。所以無爲是同於海德格追尋人生化（authenticity）的過程。人追求眞實化，首先掏空自己在現實世界所牽連的一切，當剝落一切牽連，生命面對其自身的『無』，由此種感受存在的怖慄感〔註36〕及良心的呼喚，決定一新的可能；從掏空那一切而轉到眞實一面以見生命的實有（Being）。」〔註37〕也就是說，在無爲無求的此狀態下，心首先向內掏空，剝除一切有爲之雜念，而從乾乾淨境的無之中，體會自己的在場，而存在的本質就是面對此刻而展現其存有。此正如「此在（Dasein）被移交給向自我退縮的存有整體。這以否定的方式顯示了此在那些休眠於厭煩中的眞正可能性。……我成了一個空虛的『無人』（nobody），而在我的空虛當中，我可以經驗到這個無人。……就海德格而言，正是這一點使基進的轉向成爲可能，因爲自我被赤裸裸地帶去面對其自身，亦即已經處於此世且任其自行其是的自我。正是這個最邊緣且最初的可能性，使此在的一切可能性成爲可能。」〔註38〕進而實踐自我存在，由此，無爲之無便從心性修持的工夫層次，進入了存有的本體層次，以無經驗了人存在的可能，並重新決定一眞眞實實的存在，此即是對於自身存在的體證與實踐〔註39〕。

　　因此，「無爲」不但是天地萬物向著道的靠近，同時也是人向著生命本然的回歸，而這也就是老子所謂的：「爲道日損，損之又損，以至於無爲。」〔註

〔註34〕同注28，頁181。

〔註35〕「道家認爲生命的最高價值在於因循自然地完成其自身的歷程，因此將自然看成生命的最佳狀態和應有的存在方式。」同注32，頁46。

〔註36〕「存在主義稱之爲無家性（homelessness）。只有體會此重生命的拋擲性，人才親切體會生命的不自在、不自然。這刻，『我』直接面對存在的『無』，它如此陌生，如此茫然。那麼我們該怎麼活著？」牟宗三講述、陶國璋整構：《莊子齊物論義理衍析》（台北：書林出版社，1994年4月），頁10。

〔註37〕同上注，頁5。

〔註38〕史文德森（Svendsen, Lars Fr. H.）著，黃煜文譯：《最近比較煩──一個哲學思考》（台北：商周文化事業股份有限公司，2009年02月），頁168。

〔註39〕「人的一切行動本已包含著存在之領會。」陳嘉映：《海德格爾哲學概論》（北京：三聯書店有限公司，1995年4月），頁59。

〔註40〕《道德經·四十八章》。

40〕當生命意義上的「追尋」是無爲的、自在的，便是人的存在實踐自身，而生命之眞便能在道之中，因其自然而呈現。職此之故，人惟有懂得如何在生活中放下心靈的負累，而在這個千變萬化的世界中，安適自然，盡其在我，不妄求但也不消極，「按照人的本初眞性生存」〔註41〕，回歸生命的純眞，「遵循生命的自然之道和固有規律，使自己的生命沿著正常的軌跡發展下去」〔註42〕，安時處順，實實在在活在當下〔註43〕，內與自己和好、外與世界和諧，才能提升生命的品質與層次。這便是道家無爲自然的眞正意義，這也才是現代人應汲取的道家之灑脫精神和其積極性之運用〔註44〕。

（二）無爲應世

無爲在我，是以內因自然之道，外則與時偕行，以而應物變化，此所謂安時處順。〈乾文言〉曰：「先天而天弗違，後天而奉天時」，先驗地看，道乃先天地之不可違逆，而「後天便是指內在（immanent）地看，聖人也要遵守天時，而不能違背自然趨勢」〔註45〕。所謂自然趨勢，如《道德經‧二十五章》說的：「大、逝、遠、反」，大逝遠返正即損益盈虛之變化流轉，而大致上事情發展的模式，就是遵循這樣的規律，循環往復，這也顯示了道的普遍性、規律性。因此，事件發展的損、益並無所謂好或壞，它只是代表事態的某一個進行階段，「有損必有益，有益必有損」〔註46〕，故《象傳‧損》曰：「損益盈虛，與時偕行」，無爲而任事態自然發展，當損即損、當益則益，則

〔註41〕 李霞：《生死智慧──道家生命觀研究》（北京：人民出版社，2004 年 5 月），頁 268。

〔註42〕 同上注，頁 165。

〔註43〕 「給你帶來負擔的，不是過去，不是未來，乃是現在。」（Marcus‧Aureliusk 著，梁實秋譯：《沉思錄》（台北：協志工業叢書出版股份有限公司，民國四十九年五月），卷八，第三十六，頁 77）因此，人要懂得活在當下，於是「我」便在此時此刻，眞眞切切與世界發生關係、連結。

〔註44〕 「老子所說的『無爲』和『自然』，本質上是一致的，按照這種『自然無爲』的觀念行事，就要求人們去認識自然、尊重自然，行爲要順從自然、合乎自然，而不能違反自然地強作妄爲；人工的東西要與自然的東西相協調。在這個意義上，應該說老子關於『自然無爲』觀念的意義是積極的。」見葛榮晉主編：《道家文化與現代文明》（北京：中國人民大學出版社，1991 年 4 月），頁 211。

〔註45〕 牟宗三主編：《周易哲學演講錄》（台北：聯經出版事業公司，2003 年 6 月），頁 46。

〔註46〕 唐華：《易經變化原理》（上海：上海社會科學院出版社，1993 年 12 月），頁 163。

損即益、益亦即損，而可以虛此盈彼，損終而返益。因此，《大學》曰：「物有本末，事有終始，知所先後，則近道矣」，對於事態變化，人必須有「本末始終先後」之安排，其知，即知時，其行，即與時偕行，除了知時以外還必須偕時，才能應物變化。

　　所謂偕時，《公羊傳‧桓公十一年》曰：「行權有道」，道為經常之大原則，故不變，然而把握了大原則，亦必須懂得隨時調整，也就是因時制宜，故王弼曰：「非道之常，故必『與時偕行』也」〔註47〕，守道之常而能權變，而始能「六爻發揮，旁通情也」〔註48〕。而這也是所謂「時中」之概念，故北宋‧楊時（1053～1135）曰：「道之所貴者中，中之所貴者權」〔註49〕，朱熹曰：「『旁行』者，行權之知也，『不流』者，守正之仁也」〔註50〕，懂得應時行權，則無時不宜，是以〈中庸〉曰：「君子之中庸也，君子而時中」，時中即因時制宜，而知宜行權，這便是因其自然，與時偕行，如此，則無論在於個人或社會，皆可以「知其在我，故能戒慎不睹，恐懼不聞」〔註51〕。故〈文言〉曰：「知進退存亡，而不失其正者，其惟聖人乎？」知時而偕時者，旁行而不流，不憂而能愛，是以「孔子，聖之時者也」〔註52〕，故而能「與天地合其德，與日月合其明，與四時合其序，與鬼神合其吉凶」〔註53〕。

　　是故，無為之因其自然，不僅是表現在天道上的適道自性，也是落實於人道中的與時偕行、守常權變。「與時偕行」將人與時間推向一種和諧性，而順遂於自然。換言之，亦即生命對於變化萬千的遭遇與無奈，不違逆天道，作無謂的抵抗爭扎，而是透過無為而應的方式，順其事態之自然發展。而以此自然無為洗鍊後之精神生命，再次返回社會文化之中，自我（個人）便能與外在環境（社會）達至最大和諧性。對內，除了自我的精神之品質能得到

〔註47〕　孔氏正義疏：「虛此以盈彼，但有時宜用，故應時而行，故曰『損益盈虛，與時偕行』也」。

〔註48〕　【宋】朱熹：《周義本義》（北京：中華書局，2009年11月），〈乾文言〉，頁40。

〔註49〕　同注24，頁501。

〔註50〕　同注48，〈繫辭上〉，頁227。

〔註51〕　〈中庸〉曰：「君子之所以為中庸者也，以其有君子之德，而又能隨時處中。蓋中無定體，隨時而在，是乃平常之禮也。君子知其在我，故能戒謹不睹，恐懼不聞，而無時不中。」同注24，頁24。

〔註52〕　同注24，《孟子‧萬章下》，頁440。

〔註53〕　同注48，〈乾文言〉，頁41。

提升，而無所外求、安適暢達，生命境界復加開闊寬廣；對外，更能帶來物我不傷、物我皆用之貢獻與幸福。

（三）無爲拓展於社會層面

社會運作就好比生產線，是必須分工合作的，而每個部門所必須確實負起各部門之責任，生產線才能順暢，因此，「無爲」落實於社會，無爲的內容，則應爲各司其職、不加干預〔註54〕。換言之，無爲而治、道法自然在社會的落實，便是不加干涉，使事物秉其之自然天性，充分發揮，當每一個體皆發揮自身最大效力，而物各自用而不相傷，故由個人組成的群體，便可以構成合作互利的關係，進而使群體產生的效益達致最大，故「『道法自然』是行政首腦從政處事賴以成功的圭臬」〔註55〕。是以，聖人是無爲無己而順群智的，故《莊子・應帝王》曰：「遊心於淡，合氣於漠，順物自然，而無容私焉，而天下治矣。」不治之治的管理方式，道法自然的應世落實，能使人才專其所擅，各得發揮，效益無可限量，此即「我無爲而民自化」〔註56〕之眞義。正如老子「小國寡民」的理想藍圖，此一過程從無爲而開展至社會層面，透過無爲之損與無爲而無不爲之益的辯證程序〔註57〕，達至「我無爲而民自化，我好靜而民自正，我無事而民自富，我無欲而民自樸」〔註58〕、萬物自化的「小國寡民」。無爲即由文化藩籬之損，到達涵存豐富狀態的道之益，此即「損下益上，其道上行」〔註59〕之實踐與完成，而能損終反益〔註60〕，弗損益之〔註61〕。也才是莊子心目中理想的社會。

回歸文本，然則宗、膾、胥敖又何必討伐呢？若討伐則是代表有爲的十日之照，不討伐則是象徵無爲的一日之照，《論語・衛靈公》曰：「無爲而治

〔註54〕 正如「領導人的責任要做到你在領導，又要做到別人並不認爲你在干預它」。同注44，頁129。

〔註55〕 同注44，頁128。

〔註56〕 《道德經・五十七章》。

〔註57〕 進一步說，或涵蓋在上位者與在下位者這兩層之間各種實質的利益交換，如：帝國主義（〈損卦〉卦辭注曰：「剝民奉君之象，所以爲損也」，同注48，頁155。）、社會主義或是資本主義。

〔註58〕 《道德經・五十七章》。

〔註59〕 同注48，〈象傳・損〉，頁155。

〔註60〕 唐・孔穎達《周易正義》疏〈損掛・上九〉：「『弗損益之，無咎，貞吉』者，損之爲義，『損下益上』」。上九處損之極，上無所奉，損終反益，故曰「弗損益之」也。

〔註61〕 〈損・象傳〉：「『弗損益之』，大得志也。」同注48，頁157。

者，其舜也歟！」故舜的回答，乃是希望進之以一日之照，而一日之照便是道家心目中的聖人之德。在道家，所謂德，乃使無名無形之道，化爲有名有形（依於道而落實的具體行爲）之「道德」；而所謂德之進，即是以無爲之自性自用、因其自然的形式來實踐，故《莊子·天地》曰：「形非道不生，生非德不明」，法自然之德，便是道之發用〔註62〕，是以王夫之（明末清初，1619～1692）曰：「道之用曰德」〔註63〕。是故，一日之照包涵了滋養萬物的適當能量，人爲的造作，只會壓抑自然之性，而只有透過損之又損〔註64〕的無爲自然之實踐，才能「脫離與文化價值糾葛在一起的事物具體狀態，進入自然本身變幻無窮的豐富具體狀態」〔註65〕。

二、無待之眞知──絕對無待

　　上節由無爲處說自性之顯，此節則以無待處說眞知之顯。郭象曰：「至理之來，自然無跡」，無爲最後甚至連無爲之跡都化掉，才是絕對的無所對待，故成玄英曰：「內不資於我，外不資於物，無思無爲，絕學絕待，蓋無所由，與理相應，故能盡妙也」，無爲以至於無待，正是莊子實踐工夫之玄妙處。

　　「無待」之第一層乃經驗概念系統的消解，也就是在第貳章第二小節談論到的經驗知識上對題的對象。這對題的經驗知識系統乃是一建構於社會價值下的知識系統，故其是非之判斷，反映出的乃是社會價值之普遍規約。然而世界之廣袤，文化決不只一種，是故，在各種不同社會價值下，依據其規約系統所成立之是非，自然也只是相對於其他文化之普遍規約的是非，而不是絕對的是非。如此，又眞有絕對之是非嗎？莊子看見了這個盲點，故曰：

　　　果且有彼是乎哉？果且無彼是乎哉？彼是莫得其偶，謂之道樞。樞

〔註62〕【清】魏源：《老子本義》曰：「人性之大，與天地參。王者人道之盡，而與天地同者也，何以全其大乎？亦法天之無不覆，法地之無不載，法道之無不生成而已。道本自然，法道者亦法其自然而已。自然者，性之謂也，人而復性，道之量無不全矣」。

〔註63〕王夫之：《老子衍莊子通尚書引義》（台北：河洛圖書，民國六十四年五月），頁28。

〔註64〕《程傳》曰：「凡損之義有三，損己從人也；自損以益于人也；行損道以損于人，行其義也。……從服之眾，無有內外，故曰得臣无家。得臣，爲人心之歸服；無家，爲無有遠近內外之限也」。

〔註65〕見顏世安：〈生命·自然·道〉，收錄於陳鼓應編：《道家文化研究》第一輯，（北京：三聯書店有限公司，1992年6月），頁117。

> 始得其環中，以應無窮。是亦一無窮，非亦一無窮也。故曰「莫若
> 以明」。(〈齊物論〉)

除了外在的社會價值規約，還有內在於人心的，即莊子說的成心。成心，乃人從自我本位而發之觀點，自我本位之形成涵蓋層面複雜，包括生長環境、教育、價值觀、情緒等等條件之綜合。而成心之不同，其好惡也不相同，故各是其所好，非其所惡。因此，是與非，都只是純然依自我成心所變現，這個是非並不是絕對，而只是絕對的相對。綜合上述，外內兩者如此輾轉相生之下，遂產生無窮之相對，故曰：「一與言為二，二與一為三。自此以往，巧歷不能得，而況其凡乎！故自無適有，以至於三，而況自有適有乎！」〔註66〕自有以適有，對象復為無限，這對象的對象性，亦即反映出經驗知識的相對性，而在相對性之下，是非只是出自於自我成心變現的分別、也只是建構於社會價值規約系統下的歸類，故此是此非乃一無窮之相對。換言之，相對於道的絕對性，相對的經驗知識故不能給予任何絕對真知的理解，若以經驗知識追索屬於不屬於經驗的真知，反而會遮蔽了真知之存在，相反地只是進入成心分化活動下、無止盡的一系列分別相之中，而停留在彼是相因的因果現象裡。

因此，對於道的知，並不是採取經驗認知的形式，相反地，乃是透過經驗認知之消解，以超越是非系列，故莊子採取了「無適焉，因是已」之方式，亦即「聖人不由，而照之於天，亦因是也」〔註67〕之途徑。其「無適」、「不由」，亦即無為無待的消解實踐，將外在一層層剝落，復返於道心之照，使是非各是自然之是。如此，是非之對偶相便即刻泯去，無不是亦無不非，而能應和是非一系列之無窮因果，此謂「莫若以明」，故曰：

> 是以聖人和之以是非而休乎天鈞，是之謂兩行。(〈齊物論〉)

換言之，透過無待是非、和之兩行的實踐工夫，於是道心便由消解中返顯，復照物之自己，則人方能從現象對立的分化活動中解脫，得到如其自己之自由，這種自由的生命狀態，便是止息於天鈞。所謂「天鈞」，成玄英曰：「天均者，自然均平之理也。夫達道聖人，虛懷不執，故能合是於無是，同非於無非，所以息智乎均平之鄉，休心乎自然之境也。」〔註68〕在此道心朗照的

〔註66〕同注1，《莊子·齊物論》，頁79。
〔註67〕同注1，《莊子·齊物論》，頁66。
〔註68〕同注1，頁74。

生命基質裡，無物不自己而然，所見者無不自己之在。因此，在面對經驗分化活動下之對象時，復能由有待中超拔而出，處之有待而不著於有待，故郭象曰：「聖人兩順之，故無心者與物冥，而未嘗有對於天下。」〔註69〕是以，無心者任其自性，不再落於彼是相因的分化活動，故無著於待，不執著於其偶，因此，以道心無待而言，曰無是亦無非；即有待而言，道心處之而無心於對待，故而能上向提升，謂之握其環而於居中，故能應是非而不偏，隨變化而不變，謂兩行之〔註70〕。故以道心處之有待，則曰即是即非，不落一偏，是則全是，非亦全非，換言之，以道心觀覽萬物，則雖待於萬物之間，而心無待於萬物。故莊子說：

> 故分也者，有不分也；辯也者，有不辯也。曰：何也？聖人懷之，
> 眾人辯之以相示也。故曰：辯也者，有不見也。（〈齊物論〉）

言之辯，乃屬於經驗知識之辯，是故知言者，知言之所正用，故曰能言，《孟子‧公孫丑》曰：「『何謂知言？』曰：『詖詞知其所蔽，淫辭知其所陷，邪辭知其所離，遁辭知其所窮。生於其心，害於其政；發於其政，害於其事。聖人復起，必從吾言矣。』」然而，聖人從吾言起，更進一步說，則能不以言之用為限，故曰無言。故知言者所以辯而不辯，分而不分，入而應之，出而離之，處之分辯而無心於分辯，能無損道之真知。因此，莊子雖亦透過言詮來指出道，但所謂言詮乃是作為提示之工具，必須得魚而忘荃，這一步則必須經由消解之工夫來實現，以指出言詮之「對象」，或者說，此「對象」必須在消解實踐中層層剝落而脫出。於是，遂在經驗知識的分化活動裡，透過無待之工夫，將所因轉為「因是已」，以超越彼是相因的現象因果系列，兩行對待，使事物本真在道心朗照下，自性呈現。

依此，便進入無待的第二層，即是使事物回歸事物自己，其實此亦與無為自性之旨同義。只不過無為從無用自用而說，無待則是由消解對待來說。郭象注「為是不用而寓諸庸，此之謂以明。」曰：「物皆自用，則孰是孰非哉」〔註71〕，各依自性，兩行對待，故亦是也亦非，無非也無是，換言之，是、

〔註69〕同注1，頁68。
〔註70〕錢穆注「兩行」：「即從環中左旋右轉、無不回歸同一點也。鈞、陸德明釋文又作均。」；成玄英曰：「均、自然平均之理。」；王先謙（清末，1842～1917）曰：「聖人和通是非，共休息於自然平均之地，物我各得其所，是兩行也。」錢穆著：《莊子集纂》（台北：東大圖書股份有限公司，2009年8月），頁15。
〔註71〕同注1，頁78。

非皆自性，則能無待於是、非。因此，自己而然，所以兩行無待，正如無為而自性，故可以不用而寓之於自用，而當物物皆自性，則物物皆無待於物物，便無所謂是非對偶之分別，而可以混化為道心朗照下之「不一」而觀之。

　　然而無為之因而不作，無待之兩行是非，最後亦必須將不作、兩行之跡相忘。至此便進入無待之第三層，乃無為無待之跡的消除——亦即絕對無待，換言之，即有無對待之超越。

　　　　罔兩問景曰：「曩子行，今子止，曩子坐，今子起，何其無特操與？」

　　　　景曰：「吾有待而然者邪！吾所待又有待而然者邪！吾待蛇蚹、蜩翼邪！惡識所以然？惡識所以不然？」（〈齊物論〉）

「宇宙萬物變化的動因並不在其他，而在其自身：『天之自高，地之自厚，日月之自明。』（《莊子・田子方》）天高、地厚、日月光明乃是自身的本性所在」〔註72〕，然而天地相輔，日月更替，如何說不相待呢？正如罔兩問景，其坐起如何不相待於景呢？上節論及無為的首要意義，即是自性之用，故天、地、日、月，因而不作，各發揮自性以自用，故以成青天漠地、艷陽輝月，嶄露其存有。其次，自性之用，更可由獨善其身之自用向外擴大，亦即將他用寄之於自用，形成一相輔相成之關係，故天與地相佐以滋養萬物，日與月相替以潤生天地。然而，此關係無關尊卑，無所相勝，是無所相傷。由是，以有待之心觀之，天地相成、日月相依，則無一不待，倘若以道心觀之，則天地日月，各適自性、各適其用，何復所待？

　　是故，有心於待即成心之用，無心於待即道心之用。因此，對於經驗之析辨，莊子曰：「聖人懷之，眾人辯之以相示」，聖人無心於對待，故能懷抱對待而處之自若，是以郭象曰：「不辯為懷」〔註73〕，成玄英曰：「懷藏物我」〔註74〕，物我皆懷，卻又懷而不辯。便是莊子說的「樞始得其環中，以應無窮」，得道而可以懸其環，環即所謂是非彼此，郭象曰：「是非反覆，相循無窮，故謂之環」，故得其環而可以居於中，以應反覆之是非、無窮之相循，是以，既應之，如何說不是有待？然而因道而居中，又如何說不是無待？正如罔兩不解影與景之相待，卻忘了自己也是隨影之罔兩，儘管罔兩乃影之外圍陰影，然而究竟附影而形，仍是有待於影，終不得脫影而出。因此，於有待

────────────

〔註72〕同注32，頁174。
〔註73〕同注1，頁86。
〔註74〕同上注。

之分化活動中追求無待，也只是陷入一無止盡的因果系列而已，故曰：「有始也者，有未始有始也者，有未始，有未始有始也者。有有也者，有無也者，有未始有無也者，有未始有未始有無也者。」〔註75〕是故，罔兩即便無待於影，更必須無待於形，而既有形影之待上，而形以上，如何未有相待？是故，若刻意追求無待，則正如同罔兩，反而落入有待之跡。

因此，有待之跡之化除，便不在於琢磨景、影、罔兩之如何分離，而是在於景、影、罔兩無為自性的意義上，由此而作道心之觀。如是，便一如懸環，時於環中，平視循環，而不落於環繞，故能不離而應之，不執而涉之，則物物之相待之連環關係，便皆能消融於互不相勝之中，而化有於無，泯無於有。故曰：「俄而有無矣，而未知有無之果孰有孰無也。今我則已有謂矣，而未知吾所謂之其果有謂乎？其果無謂乎？」〔註76〕是故，《莊子·應帝王》篇末曰：「儵與忽時相與遇於渾沌之地，渾沌待之甚善。儵與忽謀報渾沌之德，曰：『人皆有七竅，以視聽食息，此獨無有，嘗試鑿之。』日鑿一竅，七日而渾沌死。」一旦有有，則必生無有，因此，須進一步，將無有之無也消融掉，否則這個無在無有的當下，便也成為了刻意有之的無。是故，無待的最後一層，乃是翻越有無而上的最高和諧，亦即道心觀覽下，物物相成的均衡和諧。換言之，當超越了是非標準之有，進而亦必須超越有無之對待，不滯泥於有待，亦不拘執於無待，則能有無相遮，以之相詮，這樣才可以純然地待而無心於待，契合大道之中，與自然變化相和諧，此即真正無所成心的胸懷。

故馮契（1915～1995）說：「如果把齊物視為過程：第一步是『分而齊之』，即通過反覆相明來破是非，做到無是非於胸中，但還要存在著彼此的界線；第二步是『有而一之』，就是要忘彼此，去掉彼此間的一切界線，但以宇宙整體為對象，還存在著主客的差別；第三步是『有而無之』，即把內與外、主觀與客觀、能之與所知的差別都泯除掉了，達到了『天地與我並生，萬物與我為一』的境界，『入乎無言無意之域了』。」〔註77〕因此，因其自然之無為以及兩行之無待，最後還必須再向上翻越其無為及無待，將無之跡化於有無相冥之中，「本末內外暢然俱得，泯然無跡」〔註78〕，故而能藏顯皆攝、既有既

〔註75〕同注1，《莊子·齊物論》，頁79。
〔註76〕同上注。
〔註77〕馮契著：〈憶在昆明從湯用彤先生受教的日子〉，載於《智慧的探索》（上海：華東師範大學出版社，1994年），頁549。
〔註78〕同注1，頁112。

無。此絕對無待的物我合一之境，即老子所謂有無重玄，玄之又玄，既爲道的眞知之顯，亦爲眾妙之所出。

第二節　心齋坐忘

透過無待無爲，進一步說心齋坐忘。心齋乃心如明鏡而忘外忘物，坐忘乃忘其明鏡復而忘內忘我。

一、心齋──天府葆光，用心若鏡

孰知不言之辯，不道之道？若有能知，此之謂天府。注焉而不滿，
酌焉而不竭，而不知其所由來，此之謂葆光。（〈齊物論〉）

（一）天府、葆光

「孰知不言之辯，不道之道？若有能知，此之謂天府。」所謂不言之辯，即是透過無爲無待之修持，將心脫於言辯之上，而達到言而無言，辯而不辯之絕對無待實踐。以形下之具體作用而言，不言之辯，只取語言的傳遞功能，而卻不爲語言本身所隱含的社會規約價值所封限，即不落於言詮概念所建構的封閉系統裡，故可以用言而不爲言所用；而對形上之抽象心靈而言，不言指的是心靈上的不沾染，不落於是非彼此的分化活動中，即所謂無心於言詮對立。因此雖有言，實際上是無言，故而可言、可不言，進一步說，亦即言而心不著言，將不言消融於言之中。換言之，所謂不言即是由概念之對立提越而上，以高一層的道心觀之，故超越對立，所觀爲一〔註79〕，又復進入對立，所見則不一〔註80〕。然而大道是收攝這一與不一的全體大明，故秋毫大山、殤子彭祖，厲與西施，可以無大無小，無夭無壽，無醜無美，將之混化爲一，這乃是對立收攝於道心下的結果。也就是說，倘若下降於對立之中，雖有對立，然則這對立不過是處於一所涵攝下之關係，故而道心不生對立。有此明悟，則雖處之有待，以道心見之，則能無待於所待，故處之於辯，而能無待於辯，此即所謂不言之辯。

因此，道心是收攝言與不言的，進而言之，即道心是收攝有、無的，若只見有，則落於成心之變現，若只求無，則反而落入無之一偏。一偏若生，

〔註79〕互見本文第參章第二節。
〔註80〕互見本文第參章第一節。

則對立便起，是故，對眞知大道的刻意追求，反而一如罔兩，最終還是落入
有待之中，始終不得脫影而出，反之，如影之待形而不待，反而能眞正進入
絕對無待之境。換言之，道是必需在無爲無待中自然朗現的，因此，不強調
在無離有，則反而能超越有無，進入眞正的無境；不刻意追求眞知，反而能
使眞知在無所追求中體現於生活之中，此即所謂有無相攝、不道之道。

　　是故，有渾沌之德，其德即莊子所謂「天府」，「天府」即「自然之府藏」
〔註81〕，故藏有包無，因其自然，「範圍天地之化而不過，曲成萬物而不遺」
〔註82〕，有此明悟者，豈不能知不言之辯、不道之道？故曰：「若有能知，此
之謂天府。」而此知乃是由道心作觀，蔣錫昌曰：「天府，即自然之府，即至
人藏道之心竅也」〔註83〕，故以此道心發用，一方面，外則無爲，內以自用，
將向外之求索，向內收攝於自性，自性而自得，不求則不失，故能不竭，無
爲而無不爲，故能不滿；一方面「不滿、不竭」則顯現出道的無限性，呼應
了〈周易序〉之：「至哉易乎！其道至大而無不包，其用至神而無不存」，能
無，故酌焉而不竭，能有，故注焉而不滿，即有即無，入於絕對無境，遊於
自然府藏，故豁然見道之全體大明，體證道之涵藏無限。

　　而「不知其所由來」一方面也再度應證眞君、眞宰之可行已信、有情而
無形，即所謂道之無性〔註84〕。是故無爲無待，以道心作觀者，能因道之用
（顯），「適得而幾，因是已」，亦能因道之神（藏），故曰：「因是已。已而不
知其然，謂之道」〔註85〕；此外，另一方面，正因爲內與道冥合，外不離應
世，故能內外相合，來則道心照之，去則不著不留，故成玄英曰：「萬機頓起
而不撓其神，千難殊對而不忤。」〔註86〕是故，既來之，而不知其所由來，
成玄英疏曰：「不知其所由來，可謂即照而忘，忘而能照者也。」〔註87〕即彰
顯了道心應而不藏之特性，故郭象曰：「至人之心若鏡，應而不藏，故曠然無
盈虛之變也。」〔註88〕道心正一如明鏡，來即照，去亦不滯，不落痕跡、來
去自如，其照能照萬物，所以不竭，離照則不住萬物，所以不滿，故照與不

〔註81〕　成玄英疏：「……用茲通物者，可謂合於自然之府藏也」。
〔註82〕　〈繫辭上〉。
〔註83〕　同注70，頁19。
〔註84〕　見本文第參章第二節之一。
〔註85〕　同注1，《莊子・齊物論》，頁70。
〔註86〕　同注1，頁88。
〔註87〕　同上注。
〔註88〕　同上注。

照皆攝，此反覆呼應「天府」其「囊括羣有，府藏含靈」之收攝有無〔註89〕。

此境莊子亦稱之為「葆光」，成玄英疏曰：「葆，蔽也。至忘而照，即照而忘，故能韜蔽其光，其光彌朗。」〔註90〕其無為無待，應物即照，照之即返，返歸於道心，而復忘照，故不知其所由來，是以來去應之自如、不滯不著，落實地則為不言之辯、不道之道。因此，道心朗照，正一如光照，照之，則「任其自明，其光不蔽」〔註91〕，不照，則付之自若，亦無損其自然，此照之若有若無〔註92〕，故謂之「葆光」，而其照與不照，正亦如有無之待，皆為之相攝，歸於道心之絕對無待。

綜合而言之，天府、葆光，都是透過無為無待之修持，直以道心觀照物之所然而說，而此道心之運正猶如用心若鏡。

（二）用心若鏡

《莊子・應帝王》曰：「至人之用心若鏡，不將不逆，應而不藏，故能勝物而不傷。」用心若鏡，即成心之息、道心之照，是為心的收攝，亦即，將心的外求收攝於內，無為無求，此時心便恍如明鏡，面對經驗現象的遷流不已，可以應而不藏，照而不著，不落變化浮沉，是以雖物於物，而物不能傷。

唐・六祖慧能（632～713）說：「菩提本無樹，明鏡亦非台，本來無一物，何處惹塵埃。」鏡中所照事物，也只是來即來，去即去，純然鏡像，何必執著呢？就像人的一生，這個現象界不過如同鏡像，緣起則成，緣滅則散，但人心卻往往過於執著現像界往來的緣合鏡像，事已過境已遷，卻仍駐足於遷過之喜怒哀樂，故飽受求不得、愛別離與怨憎會之苦。禪宗一公案曰：「風動，不是幡動，仁者心動。」〔註93〕風動、幡動，猶如經驗現象的無窮變化，然而這些變化亦不過是成心牽動而已。換言之，用心若鏡，即是成心之止，因此莊子講用心若鏡，便是設法將那易受外在現實影響、向外追求的成心，藉由無為無待之實踐修持，收攝回來，安立於內，轉化為道心。但莊子的目的並不是要我們捨離現實，而是希望人在不脫離現實的情況下，透過心的洗

〔註89〕成玄英疏。同上注。

〔註90〕同注1，頁89。

〔註91〕郭象注，同上注。

〔註92〕崔（崔譔）云：「若有若無，謂之葆光。」同注1，頁89。

〔註93〕《六祖壇經・行由品第一》：「惠能至廣州法性寺，值印宗法師講涅槃經。時有風吃幡動，一僧曰：『風動。』一僧曰：『幡動。』議論不已。惠能進曰：『不是風動，不是幡動，仁者心動。』」。

鍊，不再被現實所耗累，復藉由成心之消解，將成心之視見提升爲道心之觀覽，進而用心若鏡，以寄託「精神自由」〔註94〕之意義。

在《莊子·人間世》裡的支離疏、社樹，其怵目其形、木之不才，使之免於疲勞身形、砍伐之災，不淪爲社會價值制用耗損，進而創造自身之價值，便恰好也象徵著人的成心之轉化，正因爲捨離成心，不必爲成心所用，故無所制，才能使精神不落於成心變現，故得以無損。除此之外，既然無用無求，故能物來物去，不將不逆，把來去、將逆，皆收攝回來，安立於道心之內，此即用心若鏡。換言之，成心一止則一切止，故《金剛經》云：「應如是生清淨心，不應住色生心。不應住聲、香、味、觸、法生心，應無所住而生其心。」其所生之心乃是清靜自在、涵攝萬有之道心，而道心之照、用心若鏡，故來而應之，去而不執，是以六塵〔註95〕不染，五蘊〔註96〕皆空，無所留住，復歸生命本來的虛無純眞，而在此狀態中，精神復得絕對之自由，生命亦因此安頓。

故用心若鏡以應世，則「適來，夫子時也；適去，夫子順也。安時而處順，哀樂不能入也。」〔註97〕哀樂不能入，即如〈中庸〉所云「喜怒哀樂之未發」之狀態，乃乾淨單純、明朗灑脫的心境。因此，「哀樂不能入」並非指一生命實體必須毫無情緒，若只是拒絕哀樂，那麼便不是用心若鏡，用心若鏡，其旨乃在不住哀樂，故而哀樂入而不能住。是以〈中庸〉曰：「喜怒哀樂之未發，謂之中；發而皆中節，謂之和」，所謂「中」〔註98〕，即是順

〔註94〕 「心的作用、狀態，莊子稱之爲精神。」（顏崑陽：《莊子藝術精神析論》（台北：華正書局有限公司，民國九十四年一月），頁165），故心的洗鍊化亦是精神的淨化、提升。

〔註95〕 「『六塵』指眼、耳、鼻、舌、身、意等六根所相應的六種對境，也是六識所感覺、認識的六種境界。」釋慈莊：《法相》（高雄：佛光文化事業有限公司，1997年5月）。

〔註96〕 「『蘊』（skandha, khandha）舊譯爲陰或眾，具積聚之義，從個人的身、心乃至廣義的物、心，都可以用『五蘊』來說明，所謂五蘊即『色』、『受』、『想』、『行』、『識』。」摘自張瑞良：〈蘊處界三概念之分析研究〉《台大哲學論評》，第八期，頁108。

〔註97〕 同注1，《莊子·養生主》，頁128。

〔註98〕 「中」並非指兩個對立面平均之中點，而乃是兩個對立面「不偏不倚、無過不及」之相互和諧，故〈繫辭下〉曰：「剛柔者，立本者也；變通者，趣時者也」，用中，則剛、柔乃一變而爲「適」，乃天下之達道。「孔子的『中庸之道』是要求人們的意識行爲應與道德標準則取得恰到好處的統一性、吻合性，既無過分之處也無不足之點，後世學者解之爲『發而皆中節』。『中庸』並不等於折中，不是在兩極之間取其中點」，同注41，頁289。

守道中，周敦頤曰：「和也者中也，中節也，天下之達道也」〔註99〕，郭象曰：「忘善惡而居中，任萬物之自為」〔註100〕，是以，「中和者，天下之大本；和也者，天下之達道。致中和，天地位焉，萬物育焉」〔註101〕，天道用中，故萬物適道自為，各正性命，則；人道用中〔註102〕，懷道抱德，以而應世，「為善無近名，為惡無近刑，緣督以為經」〔註103〕，故「能順一中之道，處真常之德，虛夷任物，與世推遷」〔註104〕，是以莊子曰：「且夫乘物以遊心，託不得已以養中，至矣」〔註105〕。因此，即便有所發，仍必發而守中，「知至至之可與幾也，知終終之可與存義也」〔註106〕，是以秦失三號而出〔註107〕，乃悟得人的生命既有開端，便是不斷走向終結，該來則來、當去則去，不可「遁天倍情，忘其所受」〔註108〕，其知至而至之，亦知終而當止，來去不執，亦莫不是用心若鏡。是故，面對外在現象的屢變屢遷，能順道守中〔註109〕、安時處順，對於生命內在之喜樂困頓，亦能作一種合乎自然的調節，「毫不狂妄的接受，豪不躊躇的放棄」〔註110〕，此即莊子用心若鏡之意義。

（三）心齋之存養

「為體道證道所作的一切工夫些養與成德行為，都是源自於吾人本有的真心、靈心；相反地因迷惑愚闇所造作的一切偏執，都是源自於成心、

〔註99〕 《周敦頤·通書·師第七》。

〔註100〕 同注1，頁116。

〔註101〕 同注24，〈中庸〉，頁22。

〔註102〕 《論語·子路》曰：「不得中行而與之，必也狂狷乎！狂者進取，狷者有所不為也。」故必得中而行，是以程頤曰：「中者，天下之正道。庸者，天下之定理。」（《中庸章句》）同注24，見頁203、22。

〔註103〕 同注1，《莊子·養生主》，頁115。

〔註104〕 郭象注「緣督以為經。」同注1，頁117。

〔註105〕 同注1，《莊子·人間世》，頁160。

〔註106〕 同注48，〈乾文言〉，頁36。

〔註107〕 同注1，《莊子·養生主》：「老聃死，秦失弔之，三號而出。」頁127。

〔註108〕 同注1，《莊子·養生主》，頁128。

〔註109〕 「求得平衡，發現中道，學習不要沉溺在現代生活的享受中，關鍵在於單純，不要以外界活動來過分伸展自己，而是要讓我們的生活越來越簡單。」索甲仁波切著，鄭振煌譯：《西藏生死書》（台北：張老師文化事業股份有限公司，1998年6月），頁40。

〔註110〕 同注43，頁76。

染心。成心、染心不是在吾人『道心』之外的另一心，它其實只是道心不能持自己，而產生迷染的存有狀態。是知道心與成心，同出於吾人之一心；道行與妄行，也同樣來自於吾人之一心。」〔註111〕有心於待即成心之用，無心於待即道心之用，故心必透過心齋之修持，剝落執計，復其道心。而用其道心，便如明鏡，能照物自然之在，換言之，「自覺心定於本然之真，亦照見萬相之真；主體回歸本然之主體性，客體亦回歸於本然之客體性」〔註112〕。故心的觀照，止於天鈞、和其是非，則復忘外忘物，便不再攀緣於外，此即心齋。

《莊子・人間世》曰：「若一志，無聽之以耳，而聽之以心；無聽之以心，而聽之以氣。耳止於聽，心止于符。氣也者，虛而待物者也。唯道集虛。虛者心齋也。」聽之以耳，即耳目的感官之知，隨個體感官之知而累積的感官經驗。然而，感官之知是不可靠的，例如，每個人對溫度的感覺都不同，因此對熱的定義也不同，故不取耳目之智，而聽之以心。然而這個心指的是在經驗現象分化活動裡，取彼此是非之分的成心，其易以自我好惡為心之標準，故導致「唯其好之也，以異於彼，其好之也，欲以明之彼」〔註113〕的彼我相傷、皆無所成的結果，故亦不聽之以成心。由此可見，心乃為人內在關鍵之主宰，而如何存養其心，將成心超越為道心呢？蓋「心有知覺，猶起攀緣；氣無情慮，虛柔任物」〔註114〕，故莊子提出解答：「聽之以氣，虛而待物，唯道集虛，虛者心齋」。

所謂「心齋」，郭象曰：「虛其心則至道集於懷也。」〔註115〕心齋之目的即蓄道於懷。《道德經・五十一章》曰：「道生之，德畜之」，即闡述天道下蓄於人道，「德」就是道的下行，而以心蓄「德」，即是蓄道於懷。換言之，道體現在天地萬物曰「自然」，體現在人則曰「德」，亦即，道是「德」的內在根據，而「德」則是道的具體實踐，故程頤曰：「心也、性也、天也，一理也。自理而言為之天，自秉受而言為之天，自存諸人而謂之心。」天道內存於心

〔註111〕周雅清：《成玄英思想研究》（台北：新文豐出版股份有限公司，2003 年 9 月），頁 254。
〔註112〕如勞思光先生所說：「自我之主體性與主宰性，與對象界相照而出；此即由"Objectivity"反顯"Subjectivity"」，同注 33，見頁 232、251。
〔註113〕同注 1，《莊子・齊物論》，頁 75。
〔註114〕成玄英疏。同注 1，頁 147。
〔註115〕同注 1，頁 148。

謂之德，而蓄道德之心則必須透過修持鍛鍊來實踐〔註 116〕完德〔註 117〕，才能上與道冥合，下以道心應物。故《孟子・盡心上》曰：「盡其心者，知其性也。知其性，則知天矣。存其心，養其性，所以事天也。夭壽而不貳，修身以俟之，所以立命也。」而在莊子，這個內在蓄道於心的方式，便是聽之以氣，其氣虛柔任物，故聽之以氣即所謂集虛其心。

而所謂虛其心，《道德經・第十六章》曰：「致虛極，守靜篤，萬物並作，吾以觀其復。夫物芸芸，各復歸其根。歸根曰靜，靜曰復命。復命曰常，知常曰明。」虛其心，即至虛極以守靜。其「虛」，是向內收攝，而至寂之虛；其「靜」，則是在寂然下，凝寂之靜，心「虛」故而能心「靜」，透過「虛靜」之修持，「內無能染之心，外無可染之境，既而恣目之所見，極耳之所聞，而恆處道場，不乖真境」〔註 118〕，則物物皆能由道心之照，收攝於道心，朗現其自在之常，此之謂明。

而至虛守靜之實踐，即摒棄慾望之拘執、彌補成心之陷落，《孟子・盡心下》曰：「養心莫善於寡欲」，《道德經・十二章》亦曰：「五色令人目盲；五音令人耳聾；五味令人口爽；馳騁田獵，令人心發狂；難得之貨，令人行妨。是以聖人為腹不為目，故去彼取此。」都在說捨除慾望，即捨離不切實際的過分的要求，將人的心靈從外在的追逐陷溺，向內返於心之自身。剝落了外在的求，內在的心便不再有所塞滯，其精神亦將不再受外在價值（諸如文化之網）所干擾，故能虛靜、恬淡。其次，無所外求，則不落於外在經驗對象之分化，故不陷於成心之偏曲，而可以兩行對待，靜觀其變，故清末・王先謙（1842～1917）云：「求道之心不滯於偏見曲說，是虛壹而靜。」〔註 119〕是故，莊子說不聽之以耳，亦不聽之以成心，而聽之以氣，聽之以氣即以集虛之心，沉澱雜多，遂能與道默契，洗鍊為大清明之狀態，這種狀態，

〔註 116〕〈繫辭下〉曰：「『益』，德之裕也」，朱熹曰：「風雷之勢，交相助益。遷善改過，益之大者」，又唐・孔穎達（574～648）疏：「遷謂遷徙慕尚，改謂改更懲止，遷善改過，益莫大焉」，故君子必治心以遷善，修德以近道。而修德的內涵方向，固然或因諸子各家學說不同而稍異，然殊途同歸，其旨最終皆落在與道契合。同注 48，見頁 254、158。

〔註 117〕《論語・述而》子曰：「志於道，據於德，依於仁，游於藝。」朱熹曰：「據者，執守之意。德者，得也，得其道於心而不失之謂也。」同注 24，頁 126。

〔註 118〕成玄英：《老子義疏》，第五十二章。

〔註 119〕王先謙：《荀子集解》（台北：華正書局有限公司，民國九十二年十月），頁264。

如《荀子・解蔽》所說：「虛壹而靜，謂之大清明」，心爲大清明，則無物不照，此即所謂虛而待物。但須注意此二心不同，荀子系統裡的心是認知心，莊子乃爲道心，但說心的清明氣象則可以互通。換言之，心之至虛，寂泊忘懷〔註120〕，乃一如明鏡，在方即方，在圓即圓，隨照即是，進一步，而「於相而離相，於念而無念」〔註121〕，在方圓而心無方圓。支道林曰：「物物而不物於物，故逍然不我待；玄感不疾而速，故遙然靡所不爲。」其「物物而不物於物；一放面不離塵俗，但又不爲是俗所累，是爲既超越而內在」〔註122〕，正是在此虛靜中，心無所爲，守之靜篤，順任自然，「只做觀賞，不求完成；反面不作捨離，正面不做化成」〔註123〕，故能懷抱萬有，觀復萬物，此即是以至虛應物。其精神若「天下之至柔，馳騁天下之至堅。無有入無間」〔註124〕，又如《莊子・人間世》所謂：「絕迹易，無行地難。爲人使易以僞，爲天使難以僞。聞以有翼飛者矣，未聞以無翼飛者也；聞以有知知者矣，未聞以無知知者也。瞻彼闋者，虛室生白，吉祥止止。」此集虛之心，若虛室生白，其至道之照，照而不竭，涵攝萬有，即呼應天府之府藏；至虛之待，待而不滿〔註125〕，出入無間，則呼應葆光之幽微。其虛無以應物來去、無有以出入無間，而可以至柔馳騁至堅、以無翼飛以無知知，故能行地無跡，和光同塵。

綜合上述，「心齋」便是聽之以氣，集虛於懷，故不隨俗涉物，但此亦並非寂然不動的絕跡不行，而是虛懷應物的行不踐地，此即成玄英所謂：「人間涉物，率性認眞」〔註126〕，有此道心之運，則能吉祥匯止。

二、坐忘——離形去知，忘物忘我

用心若鏡，照物不留，是虛心的實踐工夫，而照物不留，復忘其照物，則是更進一步開展「忘」的境界。

〔註120〕成玄英曰：「如氣柔弱虛空，其心寂泊忘懷，方能應物。」同注1，頁147。

〔註121〕《六祖壇經・般若品》：「無念爲宗，無相爲體，無住爲本。無相者，於相而離相；無念者，於念而無念；無住者，人之本性」。

〔註122〕同注36，頁189。

〔註123〕同注33，頁270。

〔註124〕《道德經・第四十三章》。

〔註125〕成玄英曰：「觀察萬有，悉皆空寂，故能虛其心室，乃照眞源，而智惠明白，隨用而生。」同注1，頁151。

〔註126〕同上注。

（一）吾喪我

> 南郭子綦隱几而坐，仰天而噓，嗒焉似喪其耦。顏成子游立侍乎前，
> 曰：「何居乎？形固可使如槁木，而心固可使如死灰乎？今之隱几
> 者，非昔之隱几者也。」子綦曰：「偃，不亦善乎而問之也！今者吾
> 喪我，汝知之乎？」（〈齊物論〉）

透過無為無待之修持實踐，由經驗知識的彼是無待，進而上一層至有無之絕
對無待，然而，無為無待不僅僅只是由下向上之超越，更是由外向內漸次之
消解，最後仍要歸之於我，將這我也一併消解，才能進入無我之境，此即吾
喪我。吾喪我也是一種自我反省之修練〔註127〕，「離物之心乃為眞我」〔註
128〕，在剝落各種我——如形軀之我、耳目之我、心智之我後，能坦蕩地面對
眞我而在，同時，這也是絕對獨立之精神心靈之獲得自由。

　　是故，南郭子綦「隱几而坐，仰天而噓，嗒焉似喪其耦」，所謂「喪其
耦」，成玄英疏曰：「身心俱遺，物我皆忘，故若喪其匹耦也。」〔註129〕俞
樾云：「喪其耦，即下文所謂吾喪我也。……耦當讀為寓。寓，寄也，神寄
於身。故謂身為寓。」故離形去知，使形如槁木、心如死灰，如《莊子·大
宗師》之：「墮肢體，黜聰明。」以形之無待，喪其耦身，使神超脫於寄寓，
謂之「吾喪我」。換言之，喪我者，儘管外在形軀木然，舉止憔悴，然而其
內在精神，乃超脫寄寓，已然無待於這些外在表象，是以「官知止而神欲行」
〔註130〕，獨與天地精神往來，是為眞我之在。故郭象曰：「動止之容，吾所
不能一也；其於無心而自得，吾所不能二也。」〔註131〕擴而言之，動止之
容，即象徵外在的知識之曲折、成心之變現、彼是相因，層出不窮的分化活
動、欲望牽縈的迷惘執取，以及機心算計的世態炎涼，皆不能由我之意志而
行、由我之所愛而取，故曰吾所不能一。然而無心為之，因而不作，順其自
然，外無所求，則外不能滅我，內集虛為懷，則無物不應，故能自得，此乃

〔註127〕索甲仁波切說：「沒有這些我們所熟悉的支援，我們所面對的，將只是赤裸裸
　　　　的自己：一個我們不認識的人，一個令我們焦慮的陌生人，我們一直都跟他
　　　　生活在一起，卻從未不曾眞正的面對他。我們總是以無聊或瑣碎的喧鬧和行
　　　　動來填滿每一時刻，以保護我們不會單獨面對這位陌生人。」同注109，頁
　　　　31。

〔註128〕同注33，頁241。

〔註129〕同注1，頁43。

〔註130〕同注1，《莊子·養生主》，頁119。

〔註131〕同注1，頁44。

歸於道之所一，故曰吾無以二之。是故，形如槁木、心如死灰之坐忘，便正如無聽之以耳、無聽之以心之心齋，其旨都是設法將這些外在的感官紛擾、內在的成心迷執放下，層層剝落，吾喪其我，超然無寄，使之復返於純然的狀態。而在這純然的狀態中，聽之以氣，集虛於心，復懷抱道德，而「同於大通，此謂坐忘」〔註132〕。

所謂「坐忘」，郭象曰：「既忘其跡，又忘其所以跡者」〔註133〕忘其跡，即不留照物之跡，忘其所跡，即是忘其照，而不留照之跡。換言之，心齋集虛，是心若明鏡的清澈豁然，而坐忘則是由虛入忘，是連明鏡也放下了。此亦即將不執不取、用心若鏡之修持工夫，化做本體，故清·黃宗羲（1610～1695）曰：「心無本體，工夫所至即是本體。」〔註134〕工夫即本體，本體即工夫，渾化為一，是為絕對之無待。是以坐忘而喪我者，其精神已然超越寄託、高越有待，《莊子·列御寇》所謂：「歸精神乎無始，而甘冥乎無何有之鄉」，故忘其有無，游於渾沌之地，其本體與工夫，已消融為一、本跡相冥。故明·王守仁（1472～1529）《傳習錄》曰：「若解向裡尋求，見得自己心體，即無時不是此道，亙古亙今，無終無始。」是以喪我坐忘，止於寂泊之境，乃冥合大道，忘乎始終，歸之太初鴻蒙，「故內不覺其一身，外不識有天地，然後曠然與變化為體而無不通也」〔註135〕。

（二）合目的而忘目的

其次，坐忘，更有著合其目的、而忘其目的的意義。

經驗現象裡，凡事都有他的原因和結果，例如，感到疲倦，十分想睡，於是便找個地方休息充足睡眠，這裡疲勞是原因，充足睡眠，便是目的，而實際去找個地方休息之行動便是達於目的之實踐，這是為了目的而去實施的動作，換言之，整個動作都包含著完成這個目的的指向。同樣地，無為無待之修持亦如此，然而，如果為了達成得道之目的，而惦記著這個目的，反而變成了心之有為，因為此目的亦將再次進入有目的／無目的所分化出的有待之中，故而與無為無待之實踐之本身相違悖，而落入矛盾之中。是故，莊子必須去其因果系列之目的性。然而，求道難道不是一種目的嗎？當然是，故

〔註132〕同注1，《莊子·大宗師》，頁284。
〔註133〕同注1，頁284。
〔註134〕【清】黃宗羲：《明儒學案·原序》。
〔註135〕同注133。

莊子不能否定目的，同時卻又不能說是沒有目的，因此，莊子便以「忘」來
處理這個目的性的問題。

　　故喪我坐忘，成玄英疏：「喪，猶忘也。」〔註136〕郭象注曰：「吾喪我，
我自忘矣；我自忘矣，天下有何物足識哉！故都忘外內，然後超然俱得。」〔註
137〕一方面講內外雙遣，同時提出忘，即忘其本跡，也是忘其目的。此即是在
無為無待之實踐過程中，不再執著於工夫，也就是在實踐目的的本身中必須
同時將實踐之目的忘掉。換言之，工夫即本體，實踐即目的，將工夫化於本
體，將目的融於實踐，故工夫、目的之跡，恰如得魚而忘荃，皆能俱遺。故
《莊子‧在宥》曰：「浮游，不知所求；猖狂，不知所往」，其「游，乃無目
的而合目的的活動形式，不知所求，亦不知所往」〔註138〕，不知所求，則心
不物於外，不知所往，故心無方所，故惟因任自然而已。而自然，乃是道的
實現狀態〔註139〕，因此「自然」本身乃已「具有自己本身的合目的性，即自
然目的性，或無目的的目的性」〔註140〕，它的合目的性，是指在適性自足的
實踐中契入大道；它的自然目的性，即所謂隨順變化、因而不作；而無目的
的目的性，則是在合乎於自然，透過無為無待的超越，進而忘其目的，目的
忘掉了，才能全然絕待，獲得真正的精神自由。

　　因此，朱光潛（1897～1986）說：「依現代哲學家看，宇宙的生命、社會
的生命、和個體的生命都祇有目的而無先見（purposive without foresight）。所
謂有目的，是說生命是有歸宿的，是向某固定方向前進的。所為無先見，是
說在未歸宿之先，生命不能自己預知歸宿何所。」〔註141〕又說：「生活自身就
是方法，生活自身也就是目的。」〔註142〕換言之，道的實現就是存在的體悟、
生活的實踐，因此，所謂目的，應是內在而契入大道的。是故，生命意義便
不在是生命意義目的之汲汲探問〔註143〕與追索，生命意義之目的即在於自身

〔註136〕同注1，頁45。
〔註137〕同上注。
〔註138〕詳細引文見注29，頁148。
〔註139〕見第肆章第一節之一。
〔註140〕蒙培元：〈論自然〉，同注30，頁23。
〔註141〕朱光潛：《給青年12封信》（台北：國際少年村圖書出版社，2000年10月），
　　　　頁78。
〔註142〕同上注，頁107。
〔註143〕蔡仁厚說，道家智慧的特性其一：「只有『如何』的問題，沒有『是什麼』的
　　　　問題」。同注28，頁207。

之完成〔註144〕，而不為目的所羈絆，正如得道乃是自修自證，體證的實踐就是目的，體證的目的也就是實踐，故合目的的同時，亦忘其目的，原來的目的性遂轉為無目的的目的性，此即道家對目的性之安排與消融。

（三）虛心忘淡

故坐忘者至虛，若庖丁解牛，其「彼節者有閒，而刀刃者無厚，以無厚入有閒，恢恢乎其於遊刃必有餘地矣。」〔註145〕以無厚入有間，順其牛筋理之自然，則牛既能易解，故渾然忘我，不知解牛之累。換言之，當生命循自然之道，用心若鏡，無待於有無，則精神便不為現象所累，故出入現象，便能如遊刃而有餘，更進一步，則忘乎有無，其似不知解牛，牛亦不知其死〔註146〕，此可謂純然至虛而渾然至忘。

至虛至忘，則能淡，所謂淡，即淡泊恬愉，《淮南子・人間訓》曰：「清淨恬愉，人之性也。」故虛心忘淡〔註147〕，正如「魚相忘乎江湖，人相忘乎道術」〔註148〕，生命回歸恬淡，外用物以立命，內化物以安神，正如《莊子・刻意》所謂：「平易恬淡，則憂患不能入，邪氣不能襲，故其德全而神不虧」〔註149〕，這樣的生命主體方能「安時處順」。是以，「雖處萬機之極，而常閒暇自適，忽然不覺事之經身」〔註150〕，而若「聖人之游也，即動乎至虛，游心乎太無，馳於方外，行於無門，聽於無聲，視於無形，不拘於世，不繫於俗」〔註151〕，以至於如庖丁解牛般，「手之所觸，肩之所倚，足之所履，膝之所踦，砉然嚮然，奏刀騞然，莫不中音，合於桑林之舞，乃中經首之會」〔註152〕，達致無拘無束、條暢之境，而此境即莊子所謂之心靈自由〔註153〕。換

〔註144〕「自然」及「無欲」使生命更接近本質意義而真實，但生命意義究竟是什麼呢？雖然老子十分重視生命意義的提出，但老子並不直接解答生命意義是什麼，只提出了道與道的狀態——「無」，並要人在「自然」即「無欲」中去體會。

〔註145〕同注1，《莊子・養生主》，頁119。

〔註146〕同上注。

〔註147〕同注1，頁43。

〔註148〕同注1，《莊子・大宗師》，頁272。

〔註149〕同注1，《莊子・刻意》，頁538。

〔註150〕郭象注「勤行者」，同注1，頁240。

〔註151〕《文子・精誠》。

〔註152〕同注1，《莊子・養生主》，頁118。

〔註153〕「莊子所主張的心靈自由論則主要從個體生命的心理狀態入手，強調自由是個體生命通過對宇宙本體的內在體認而獲得精神上的『無待』、『無累』、『無患』的絕對『逍遙』、『自適』的感覺。」同注32，頁16。

言之，當「你越能夠忘掉自我，忘掉你自己的情緒波動，思維起伏，你就越能夠『滌漱萬物，牢籠百態』，你就會像一面鏡子，像托爾斯泰那樣，照見了一個世界，豐富了自己，也豐富了文化。」〔註154〕因此，坐忘的修持不只是能勝物不傷，更是要進一步忘其勝物、忘其不傷，復「不知耳目之所宜，而遊心乎德之和」〔註155〕，如此其心便全然能無所累、其精神便能全然地自由，真正入於無境〔註156〕，而遊乎於天地萬物之有。故師曰：「明道而後養生，養生即養道也」。其所明者，至道而已，曰「依乎天理，批大郤，導大窾，因其固然」〔註157〕；所養者，養心而已，曰「天府」、「葆光」，而養之工夫即是無為無待、心齋坐忘，是以有有，復而無有，進而無無有，進而忘無有，以此明道養生，則「可以保身，可以全生，可以養親，可以盡年」〔註158〕。

〔註154〕宗白華：《美學散步》（上海：人民出版社，2000年3月），頁15。

〔註155〕同注1，《莊子·德充符》，頁191。

〔註156〕此境界如牟宗三先生所謂：「無，不再有無相對處顯現，而在相對之有無被劃掉後顯現，此即絕對之無。」牟宗三：〈道家之「無」底智慧與境界形態的形上學〉《鵝湖月刊》第1卷第4期（台北：1975年10月）。

〔註157〕同注1，《莊子，養生主》，頁119。

〔註158〕同注1，《莊子·養生主》，頁115。

第伍章 因的理境

　　竹慶本樂仁波切（Dzogchen Ponlop Rinpoche, 1965～）說：「禪修不會『帶來』任何東西的，禪修只是『使之顯露』，整個九乘佛道的目的就是去『揭示顯露』。」〔註1〕是故，透過無爲無待、心齋坐忘之修持，將有待層層剝去，向上超越、冥合至道，進而齊物、喪我、乃至物我皆化、生死相忘，最後復展現眞、美、善、聖之理境。同時，與物相因、隨物遷化，也反映出莊子以「因」應物的瀟灑性格，及其與道合一的生命精神、無適恬淡的生命情調，至此，「無適焉，因是已」之體證完成，「因」的眞義遂昭然朗現，至道方顯露大明。

　　本章則以天籟之聞、生死物化，分別梳理「因」的眞、善、美、聖之理境。

第一節　天籟之聞

一、眞

　　此所謂「眞」的理境，即是因其存在之自然（自己而然），以冥合至道之本然（道通爲一），有所因即有天籟之聞，以下論之。

> 子綦曰：「女聞人籟而未聞地籟，女聞地籟而未聞天籟夫！」！（〈齊物論〉）

〔註1〕竹慶本樂仁波切著，江翰雯、林胡鳳茵譯：《狂野的覺醒：大手印與大圓滿之旅》（台北：台灣明名文化傳播有限公司，2008 年 12 月），頁 225。

人籟、地籟能聞，而獨天籟不得聞，這是因為天籟乃為形上之聲，故無所成聲，但若明萬物自己而然之道，悟天籟乃二籟所成之理，則可由二籟返求天籟。是故，雖然眾竅所出為人籟地籟，而所聞者俱是天籟，反之，若只聞人籟地籟，那便只是停留於聲殊的表象。換言之，其「萬竅怒號，皆落入物理條件的因果關係中，各因著其特殊的形狀與風力的強弱，緣合成不同的聲音。這裡子綦暗示著天籟的超越性。」〔註2〕然而，此超越性仍是由人籟地籟中所超越，故超越二籟、而不作捨離，如法緣空，包含著一切法的有性（人籟地籟）以及緣合（天籟）的無性，只不過「佛家以一切法是依因待緣而起現，如『兩束蘆，互倚不倒』」〔註3〕歸之空，莊子則歸之道。透過實踐（無適焉）層層悟道（因是已），至此境之現，而見倚亦見倒、不見倚亦不見倒，風止萬聲止，則一切復歸於道，此為天籟，而風起萬聲起，則萬聲在其自己〔註4〕，所聞亦俱是天籟，故清‧姚鼐（1731～1815）曰：「喪我者，眾竅比竹，舉是天籟也。有我者聞之，祇是地賴人賴而已。子綦所言，皆天賴也。子游不悟，所謂見指不見月也。」〔註5〕此即是「真」。因此，天籟之聞與否，「喪我」乃為主要關鍵，換言之，萬聲起即緣慮心起，有我者故生分別相以有聲殊；緣慮心息即成心息，無我者則將萬聲皆止於天籟。故聲殊最終乃復歸竅殊之在其自己，悟此天籟之理，又復入人籟地籟，其所聞亦皆天籟而已。

現象之有 ⟶ 道通為一 ⟶ 形上之有

（吹萬不同的聲殊分別相）　（天籟之聞）　（不失其所待的人籟地籟之在自己）

以下便就引文再述此天籟之聞：

> 瞿鵲子問乎長梧子曰：「吾聞諸夫子，聖人不從事於務，不就利，不違害，不喜求，不緣道，無謂有謂，有謂無謂，而遊乎塵垢之外。

〔註2〕 牟宗三講述、陶國璋整構：《莊子齊物論義理衍析》（台北：書林出版社，1994年4月），頁17。

〔註3〕 同上注，頁74。

〔註4〕 風起，風出孔竅，則眾竅成聲，風止，則孔竅之聲便止，剩下的，不過就萬竅在那而已，倘若風再起，其萬聲亦不過是依萬竅之自性而成聲，此彷彿一組函數，萬物就是代入的數字，而出來的結果則是萬物冥合於道之在之自己。

〔註5〕 錢穆：《莊子集纂》（台北：東大圖書股份有限公司，2009年8月），頁9。

夫子以爲孟浪之言，而我以爲妙道之行也。吾子以爲奚若？」長梧
子曰：「是黃帝之所聽熒也，而丘也何足以知之！且女亦大早計，見
卵而求時夜，見彈而求鴞炙。予嘗爲女妄言之，女以妄聽之，奚？
旁日月，挾宇宙，爲其脗合，置其滑涽，以隸相尊。眾人役役，聖
人愚芚，參萬歲而一成純。萬物盡然，而以是相蘊。」（〈齊物論〉）

所謂「眾人役役」，莊子曰：「大知閑閑，小知閒閒；大言炎炎，小言詹
詹。其寐也魂交，其覺也形開，與接爲構，日以心鬥。縵者，窖者，密者。
小恐惴惴，大恐縵縵。其發若機栝，其司是非之謂也；其留如詛盟，其守勝
之謂也；其殺如秋冬，以言其日消也；其溺之所爲之，不可使復之也；其厭
也如緘，以言其老洫也；近死之心，莫使復陽也。喜怒哀樂，慮嘆變熱，姚
佚啓態；樂出虛，蒸成菌。日夜相代乎前，而莫知其所萌。已乎已乎！且暮
得此，其所由以生乎！」心神馳外，故不得其止，是爲「坐馳」〔註6〕，此成
心不息，則慾求擴散不止、煩惱更新不已，而日夜相代乎前，成玄英曰：「推
求日夜，前後難知，起心虞度，不如止息。」〔註7〕，因此莊子疾呼「已乎已
乎！」，就是要此近死之心停止這樣的分化活動，將是非言辯、心機執計、慾
望蘊魔〔註8〕，層層剝落，而止於自然寂泊之境。故《大學》亦曰：「知止而
後有定，定而後能靜，靜而後能安，安而後能慮，慮而後能得」，止於至道而
不遷〔註9〕，故能靜，靜以致虛寂，安於虛寂則能有得，其虛則「虛室生白，
吉祥止止」〔註10〕，寂則「萬物靜觀皆自得」〔註11〕。因此，虛寂不是死寂，
而是心齋至虛、坐忘至寂，是道心展現出來的一片淨土，於此照萬物、復而

〔註6〕 《莊子·人間世》：「瞻彼闋者，虛室生白，吉祥止止。夫且不止，是之謂坐
　　　 馳。」【清】郭慶藩：《莊子集釋》（北京：中華書局，2010年11月），頁150。

〔註7〕 「休謨（David Hume, 1711～1776）的『反因果論證』裡，認爲事物與事物之
　　　 間有兩重的關係，一種是在此之後（Post hoc），一種是因此之故（Propter hoc）。
　　　 我們人類的認知能力，總是分不清究竟兩樣事物，相互之間的關係，是屬於
　　　 『在此之後』或是『因此之故』。比如白天過去了就是黑夜，在我們的經驗中，
　　　 每一次白天過去了，都是黑夜；但白天卻不是黑夜的原因。」鄔昆如：《哲學
　　　 概論》（台北：五南圖書出版股份有限公司，2006年9月）。

〔註8〕 「蘊魔指的是我們總想重塑自己，爭回立足之地，變回我們心目中的自己。」
　　　 佩瑪·丘卓著，胡因夢、廖世德譯：《當生命陷落時——與逆境共處的智慧》
　　　 （台北：心靈工坊文化事業股份有限公司，2001年10月），頁118。

〔註9〕 【宋】朱熹：《四書章句集注》（台北：大安出版社，2006年8月），頁5。

〔註10〕 同註6。

〔註11〕 【宋】程顥：〈秋日偶成〉。

生萬物。此所以寂而能動，動而能常寂，即僧肇〈般若無知論〉所謂：「用即寂，寂即用」。

　　故聖人止於寂泊，而能「不從事於務，不就利，不違害，不喜求，不緣道，無謂有謂，有謂無謂，而遊乎塵垢之外」，有所從事，即是有所爲，是以聖人不爲，以道應之，故無爲而無不爲；不趨利不避害，故利害不傷；虛而應物，故不好求，求則遠道〔註 12〕。是以，不離而應之，不執而涉之，即有即無、應無應有，故而化有於無，泯無於有，蘊攝有無。是故，聖人並非高處不勝寒，而是「和光同塵，處染不染，故雖在囂俗之中，而心自遊於塵垢之外者也」〔註 13〕，此所以能入世而不濁。因此，長梧子也藉機告誡了瞿鵲子，若只知求妙道之行，便還存有對待之心、分別之相，其計執於高遠，無疑是「見卵而求時夜，見彈而求鴞炙」，換言之，道不是徒然談玄說妙，否則也只成泛論空談，不啻「大知閑閑、大言炎炎」〔註 14〕而已；道亦不是在避世中實現，相反地，乃入世而體證，故曰：「旁日月，挾宇宙，爲其脗合，置其滑涽，以隸相尊。眾人役役，聖人愚芚，參萬歲而一成純。萬物盡然，而以是相蘊。」也就是說，聖人胸襟懷道抱德，故能成全天地萬物之自然，此謂之成；且聖人之心寂泊恬淡，故能無待於分別相，而還原相之本來面貌，此謂之純；而聖人涉世不以爲務〔註 15〕，故能應天地萬物之變，隨物遷化，而一其變，此謂之一。因此，萬物在聖人道心朗照下，是相攝相蘊的。此處彰明的道物關係，正如天籟寓言裡，聖人因爲不以人籟、地籟爲傷，故而能獨聞天籟於其中。這便是莊子以爲聖人能「和之以天倪，因之以曼衍」的特質：

〔註 12〕〈中庸〉曰：「道不遠人。人之爲道而遠人，不可以爲道。」其次，刻意的追求道，則一如罔兩，反而落入有待之中，同注 9，頁 30。

〔註 13〕成玄英疏「遊乎塵垢之外」。同注 6，頁 99。

〔註 14〕下引李勉評注——大知閑閑：成玄英云：「閑閑，寬裕貌」，陸長庚亦云：「從容暇豫之貌」，惟按下文「其寐也魂交，其覺也形開，與接爲構，日以心鬥」諸語，及「小恐惴惴，大恐縵縵」諸句，皆言當時人心好辯不安，何有寬裕暇豫之致？故成陸二氏之解不合，「大知閑閑」：閑閑是用大智之貌，即深謀遠慮也。……大言炎炎：炎炎，有氣燄貌，盛氣大言，以發己論也，炎炎與下句詹詹皆是形容詞，形容大言小言而已，非寓他意。章太炎云：「炎同淡：老子曰『道之出口，淡乎其無味也』。」按此言大言者之大發辯論，雖勞神竭精而不恤，下文言明「日以心鬥」，何能謂之淡乎？——李勉：《莊子總論及分篇評注》（台北：臺灣商務印書館，1990 年 8 月），頁 62。

〔註 15〕成玄英曰：「夫體道聖人，忘懷冥物，雖涉事有而不以爲務。」同注 6，頁 98。

何謂和之以天倪？曰：是不是，然不然。是若果是也，則是之異乎
不是也亦無辯。然若果然也，則然之異乎不然也亦無辯。化聲之相
待，若其不相待。和之以天倪，因之以曼衍，所以窮年也。忘年忘
義，振於無竟，故寓諸無竟。（〈齊物論〉）

「和之以天倪」必須由「化聲」處說。所謂「化聲」，爲聲之變化，正如同成
心分化活動下的是非分別，生是則同時生非，反之亦然，乃落於現象的對偶，
故彼此相待，屬於有待之關係，是相對的，而非絕對的，是故，執著於變化，
則爲有待。而現象上的彼是之分，即莊子所謂自有適有者，曰：「自無適有，
以至於三，而況自有適有乎？」因此，對待中又不斷分化爲下一組對偶，只
會落於無窮無盡之相待，故成玄英曰：「夫諸法空幻，何獨名言！是知無即非
無，有即非有，有無名數，當體皆寂。既不從無以適有，豈復自有以適有耶！
故無所措意於往來，因循物性而已矣。」〔註16〕因其自然，各冥其分，物物
是其自己之在，然其自己而然，則對待關係便即刻化掉，當體皆寂，而爲無
待。換言之，正如子綦無待於聲殊，因此聲雖殊而所聞俱爲天籟，此亦成心
息止故萬聲當下俱寂，這便是「和之以天倪」對偶性性的消解、超越，此所
以化聲之相待而能若不相待。

　　而所謂「天倪」，郭象曰：「自然之分也」，此「自然之分」，是指是自然
下的分際，而此分際又於自然中泯於無際，故雖分而又非眞有所分。王弼曰：
「道本自然，法道者亦法其自然而已」〔註17〕，萬物適道自性，此即是自然
之是，又老子曰：「欲觀大道，須先遊心於物之初。天地之內，環宇之外。天
地人物，日月山河，形性不同。所同者，皆順自然而生滅也，皆隨自然而行
止也。知其不同，是見其表也；知其皆同，是知其本也。舍不同而觀其同，
則可游心于物之初也。物之初，混而爲一，無形無性，無異也。」〔註18〕換
言之，「道就是自然，也即自然作爲世界本來狀態呈現的深奧境界，同時它也
是生命在自然中獲得啓示的境界」〔註19〕，同時「『自然』並不是指具體存在
的東西，而是『形容自己』如此的一種狀態」〔註20〕，故自然乃道的存在狀

〔註16〕疏「無適焉，因是已」，同注6，頁83。
〔註17〕【魏】王弼：《老子道德經注》。
〔註18〕老聃曰：「吾遊心於物之初。」（《莊子・田子方》）。
〔註19〕顏世安：〈生命・自然・道〉，收錄於陳鼓應編：《道家文化研究》第一輯，（北
　　　京：三聯書店有限公司，1992年6月），頁116。
〔註20〕陳鼓應：《老子今註今釋及評介》（台北：商務印書館，2008年），頁26。

態，亦是天地萬物其本質作爲存在之如實。因此，由表而見之，則有萬殊，如人籟地籟；由本以見之，則本即道通而爲一，如天籟之聞。是故，因其至道之自然，心止乎於天鈞，便能由表見本，則此自己而然之分際（表），遂於冥合大道（本）中化於無分，此即無分之「自然之分」。而既和無分之天倪，又復「因之以曼衍」，所謂曼衍，猶變化，變化意味著人所處的現象世界乃經驗性、暫時性的不斷變幻，但由此向上翻越，則此變幻不過是道之生生相續下的流轉，換言之，道的永恆遍在正是表現在它的規律變化，而「因之以曼衍」的意義，郭象曰：「任其無極之化」，便是就任道之常所表現的變而言的。

是故，道心止於寂泊，應物來去，則變化不入，其不變，是爲和之以天倪；因任自然，與時偕行，則安時以處順〔註21〕，故爲變，謂因之以曼衍，故郭象曰：「唯聖人與物冥而循大變，爲能無待而常通。豈獨自通而已！又從有待者不失其所待，不失則同於大通矣。」〔註22〕和之天倪，一切自己而然，故遺其有待，因之曼衍，變而不變，即是循其大變，忘其是非彼此，而又遺其變化，復泯有無而入絕待〔註23〕之境，故能通於天地萬物、遊於變化無窮，精神達至純粹靈明的高度，將自身渾化於時空，而不覺有時空，此即「忘年忘義，振於無竟，故寓諸無竟」。達此境故可謂之至人：

> 齧缺曰：「子不知利害，則至人固不知利害乎？」王倪曰：「至人神矣：大澤焚而不能熱，河、漢沍而不能寒，疾雷破山、風振海而不能驚。若然者，乘雲氣，騎日月，而遊乎四海之外。死生無變於己，而況利害之端乎！」。（〈齊物論〉）

至人神矣，而所謂神，《張子全書・正蒙・太和篇》曰：「惟屈伸、動靜、終始之能一也，妙萬物而謂之神，通萬物而謂之道，體萬物而謂之性」，至人用

〔註21〕 馬爾庫斯說：「在短期間，你就會忘懷一切，在短期間，一切也會忘記你。」Marcus・Aureliusk 著，梁實秋譯：《沉思錄》（台北：協志工業叢書出版股份有限公司，民國四十九年五月），卷七，第二十一，頁61。時間在人類只是有限的表現，並非無限，因此，人便對時間之流、同時也是對於自身的有限感到彷徨。而道乃是超越時間與空間，獨然於時間之外的，故是爲無限。因此人要突破人的有限性，就必須偕道之時，即所謂「適來，夫子時也；適去，夫子順也。安時而處順」（《莊子・養生主》），而因其自然。

〔註22〕 同注6，頁1。

〔註23〕 將分泯於無分，才能展現道（Logs）之包蘊，例如「無」中虛故涵攝一切而能創有一切、亦或黑格爾之正、反衍進上升於「合」，或如現象與本體的冥一，或《周易》「保合太和」之「太和」。而此過程中的實踐工夫，即無爲、無待、心齋、坐忘。

心至虛，故應而不傷，虛靜至寂，故能用而常寂，「天地造化自存於吾心，則外境不足以相累」〔註24〕。因此，以下不能熱、不能寒與不能驚，都是表現至人與變爲體、與物相冥的渾化之境，故外物不能以變而動之，至人可以不動而遊乎變，故曰「乘雲氣，騎日月，而遊乎四海之外」，雲氣聚散而至人隨化，與物相冥，日月遷移而至人無損，與時諧行，此所以成玄英曰：「動寂相即，（眞）〔冥〕應一時，端坐寰宇之中，而心遊四海之外矣」〔註25〕，最後，乃至置死生於度外，既超然生死〔註26〕，則心復不執計於生死之內，而利害又何以侵？故《莊子・逍遙遊》曰：「乘天地之正，而御六氣之辯，以遊無窮者，彼且惡乎待哉！至人無己，神人無功，聖人無名」，既已絕待又何患於待？故至人無待爲懷，復能隨待而變，超然應世。

是故，和之以天倪，因之以曼衍，至虛極以應物，任變化於無窮，正如子綦不失待於人籟地籟，然而所聞皆俱通天籟，此即「與物冥而循大變，爲能無待而常通」，亦正如成心之息弭，一止則一切止，當下即是，則「一逍遙一切逍遙」〔註27〕。故無待而不失其所待，體道而不失其具體因應，不以道高而不勝寒，亦不以應世爲負累，讓生命以自己之在的落實冥合大道、徜徉變化，如其自己之在、如其自己而眞，此即天籟之聞，亦即「眞」的理境展現。

二、善

這裡所謂「善」，並不是儒家所謂道德本心直發的善，而是指無爲〔註28〕、無待下，物我兩不相勝之善，《道德經・第八章》曰：「上善若水。水善利萬物而不爭。」此即爲道家之至善。

至善可以分爲兩向度：第一，是內在的勝物不傷之善：對內，其無爲，因而不作，故對內不傷，可以全生，如社樹、支離疏，不爲所用而以盡其天

〔註24〕同注6，頁97。
〔註25〕同注6，頁97。
〔註26〕此留待生死物化一節詳說。
〔註27〕牟宗三：《才性與玄理》（台北：台灣學生書局有限公司，1989年10月），頁182。
〔註28〕宗白華（1897～1986）年說：「美的價值是寄於過程的本身，不在於外在的目的，所謂『無所爲而爲』。」宗白華：《美學散步》（上海：人民出版社，2000年3月），頁221。

年；無待，則握環中、和是非，故是非不傷，而心齋至需，心如明鏡，故物來而照、物去則寂，以應無窮，故能勝物不傷，這是對自我之善。第二，則是對外的兩不相傷之善：對外，無待，應物不藏，只是如鏡之照，故所照之物不傷，如舉莛與楹、厲與西施、秋毫大山、殤子彭祖，只是純然直覺地照之，不生分別相而無有對待，故不以大小美醜傷之；而無為者，自用不役於外，外亦無所用，因此萬物各安其分、成其所是，而兩不相傷。是以《道德經・第三十七章》曰：「道常無為而無不為，侯王若能守之，萬物將自化」，故舜不取十日之照、不伐宗、膾、胥敖，而因任自然，使自生於蓬艾，此即是對天地萬物的善。

反之，若如昭文、師曠、惠子，其鼓琴、枝策、據梧之技，自用為天才，而若其技施之他人，以其自好而求他人同好，以其天才求他人成其天才，結果不是他人學不成，便是技術成而天才不成，即使成就標準也無法達至天才境界。因此，不但他人鐵不成鋼，其他人之無成同時也成了自己的恨鐵不成鋼，於是兩者皆無成、皆遺憾，這樣不但是對自己不善，也是對他人的不善。《莊子・人間世》便說：「山木自寇也，膏火自煎也。桂可食，故伐之；漆可用，故割之。人皆知有用之用，而莫知無用之用也。」〔註29〕無用之用亦即不用而寓諸庸，不役於他用，而使之就自性而自用，進一步說，天地萬物皆各正其位，所謂「天地不仁，以萬物為芻狗」〔註30〕，是其自然之是，用其自然之用，換言之，自用成全了他用，他用寄託於自用，乃各適其用，因此互不相勝、無所成虧，是兩不相傷之善，是故因而不作，也就是道之至善。

由此而見，道心之善是懷抱萬物的，乃無為而任物自然、無待而任物自明，是故「大道不稱，大辯不言，大仁不仁，大廉不嗛，大勇不忮」〔註31〕，換言之，大用不用，無所取則沒有不取，故無所不取，無所用，則沒有所不用，故能無所不用，寄用群才，兼用天下。而天人不相勝也就是這個意思，一方面，不過於強調天而丟失人的意志、創造的潛能，同時，也不能一味地依賴人為，而忘掉了生命基於天道自然的本質，天與人的關係應該是相互超越、而又互不相勝的，故《莊子・大宗師》曰：「其好之也一，其弗好之也一，其一也一，其不一也一，其一與天為徒，其不一與人為徒，天與人不相勝也，

〔註29〕 同注 6，《莊子・人間世》，頁 186。
〔註30〕 《道德經・第五章》。
〔註31〕 同注 6，《莊子・齊物論》，頁 83。

是之謂眞人。」此亦正如人籟、地籟無損於天籟之聞，而天籟之聞亦寄託二籟而無傷一般，「就像琵琶的眾弦隨同一首曲子顫動，卻各自獨立」〔註32〕，各不相傷，和而共曲，此爲至善之理境。

第二節 生死物化

一、美

（一）眞善之美

謝林（Friedrich Wilhelm Joseph von Schelling, 1775～1854）曾說：「藝術還有什麼目的高於表現自然中現實的眞相呢？」〔註33〕當一切變化的秩序都是自然下的規律，而群體的相互和諧亦構成順應自然的美感經驗，在此觀照下，萬物如其自己自在，這是萬物之眞。濟慈（John Keats, 1795～1821）〈希臘古甕頌（Ode on a Grecian Urn）〉說：「『美即是眞，眞即是美』，這就包括你們所知道、和該知道的一切。」黑格爾（Georg Wilhelm Friedrich Hege, 1770～1831）在〈美的理念〉亦說：「因此美可以下這樣的定義：美即是理念的感性顯現」〔註34〕，故理念即是眞，而理念的呈現不僅是眞的，並且同時是屬於美的，因此黑格爾又說：「美與眞是一回事，這就是說美本身必須是眞的。」而物不相傷，這是天地之善。因此愛略特（Thomas Stearns Eliot, 1888～1965）說：「美是善的另一種形式。」盧梭（Jean-Jacques Rousseau, 1712～1778）也說：「我一向認爲，只有把善付諸行動才稱得上是美的」、盧格（Ruge Arnold，1802～1880）亦說：「表現自身的理念便是美」〔註35〕。然而，「西方的哲學基礎乃建立在知識論上，因此他們所謂的眞始終指向客體，也就是要求藝術對象的『眞實』」〔註36〕，是故，相較於分析論證的眞善之美的定義，莊子的

〔註32〕紀伯倫（Kahlil Gibran）著，宋碧雲譯：《先知（The Prophet）》（台北：新潮文庫，2007 年 8 月），頁 39。

〔註33〕轉引自顏崑陽：《莊子藝術精神析論》（台北：華正書局有限公司，民國九十四年一月），頁 94。

〔註34〕黑格爾：〈美的理念〉（Idea of Beauty），白玄主編：《辯證法的大師：黑格爾》（北京：中央文獻出版社，2000 年 9 月），頁 71。

〔註35〕轉引自費歇爾（F.T.Vischer, 1807～1887）：〈美的主觀印象〉，劉小楓編選：《德語美學文選》（上海：華東師範大學出版社，2006 年 9 月），頁 210。

〔註36〕引自注 33，頁 95。

眞善之美，乃是透過生命觀照的體證，而考察出來的。亦即，相對於在知識客體的考證上，莊子哲學的眞善之美，乃是由道心主體出發，表現在用心若鏡上的照物之眞，以及無用於天地的不傷之善。

（二）觀照之美

其次，道心觀照下所展現的藝術境界，同時也是一種美的理境展現。同時，也指出了莊子體證生命的態度，乃是將精神提升爲純粹觀看、欣賞的藝術性格之精神，並重新安適心靈於現象的屬於觀照的生命形態。

所謂觀照的生命型態，是指道家透過心性的修持，將外物收攝於道心，以道心復照萬物，將物之自己朗照出來，正類似「胡賽爾的純粹觀看（pure seeing），應用這種方法，現象自己才可以在毫無偏見的狀況之下，自我呈現出來，胡賽爾說：『那些純粹觀看所捕捉，限制住的知覺，正就是在現象學義下的絕對自我呈現出來的純粹現象，這種現像拒絕一切外在化的東西。』……而現象學所要求的就是這些現象的本質。」〔註37〕莊子把握的道心之觀照正如同純粹觀看，是無爲無待地使之如其自己而顯現。而既然是純粹的欣賞，故能「順物自然，觀賞自得」〔註38〕，遊於不知所求、亦不知所往的境界。此無往無求，亦如康德認爲的，美乃是「無目的而又合於目的性之形式」。換言之，道心之觀照，就好比欣賞自然風景、藝術品一般，將萬物生命作純粹的欣賞，而復由觀照進入萬物的生命之中，忘我忘物，亦忘其目的。正如宗白華（1897～1986）所說：「藝術心靈的誕生，在人生忘我的一刹那，即美學上所謂『靜照』。靜照的起點在於空諸一切，心無罣礙，和世務暫時絕緣。這時一點覺心，靜觀萬象，萬象如在鏡中，光明瑩潔、而各得其所，呈現著它們各自的充實的、內在的、自由的生命，所謂萬物靜觀皆自得。這自得的、自由的各個生命在靜默裡吐露光輝。」〔註39〕此即莊子帶有藝術性格的觀照的生命形態。故徐復觀先生（1904～1982）說：「莊子所把握的心，正是藝術精神的主體」〔註40〕，因此，照物的實踐，便可以說是「莊子的藝術精神乃從主體心靈直接作無限之開展」〔註41〕，而生命便在此觀照中提升爲藝術境界的生命型態。

〔註37〕 詳見蔡美麗：《海德格哲學》（台北：環宇出版社，1972 年），頁 45。

〔註38〕 「順物自然，觀賞自得。此所以『情意我』之自由境界。」勞思光：《新編中國哲學史（一）》（台北：三民書局股份有限公司，2005 年 4 月），頁 267。

〔註39〕 同注 28，頁 25。

〔註40〕 徐復觀：《中國藝術精神》（台北：台灣學生書局有限公司，1996 年 2 月），頁 70。

〔註41〕 同注 33，頁 186。

而此藝術境界莊子或以音樂來表現，如〈齊物論〉的天籟之聞，在道心觀照下，各是自然，故其聲無一不是天籟；又如《莊子・養生主》庖丁解牛，以道心解筋理，故「莫不中音，合於桑林之舞，乃中經首之會」，將觀照之精神轉化爲音律之和諧來象徵；或以想像的奔馳來表現用心若鏡，如「至人大澤焚而不能熱，河、漢沍而不能寒，疾雷破山、風振海而不能驚。若然者，乘雲氣，騎日月，而遊乎四海之外」；或如是觀照生死，故有莊周夢蝶、生死物化。於是生死便提升進入了觀照的藝術境界，而於此境界所展現的生死情態，即是莊子的生死觀，換言之，莊子的生死觀，其實是藝術性的生死觀，其次，正由於採取觀照的姿態，所以它同時也展現著觀照之美。以下論之。

（三）物化之美

莊子說：「方生方死，方死方生」〔註42〕生死在相反相成上的第一個意義〔註43〕，即是「生死相因」，也就是人的向死存有，然而，死亡並不是莊子生命哲學的終點，相反地，它正是另一處展開。莊子面對「生死相因」進一步的超越，便在於第二層意義，亦即「生死物化」，換言之，「生死相因」遂由觀照中脫胎爲「生死物化」，上昇至忘生忘死的藝術性的美的境界。

> 昔者莊周夢爲胡蝶，栩栩然胡蝶也，自喻適志與！不知周也。俄然覺，則蘧蘧然周也。不知周之夢爲胡蝶與，胡蝶之夢爲周與？周與胡蝶，則必有分矣。此之謂物化。（〈齊物論〉）

莊周夢蝶的寓言大意是：莊周一日夢爲蝴蝶，夢裡自適爲蝴蝶，渾然不覺有莊周，赫然驚醒，醒來已忘爲蝴蝶，而復返莊周。然而，此時此刻的莊周，會不會其實正是莊周夢蝶時那復返爲蝴蝶、而在其夢裡自適爲莊周卻渾然不覺有蝴蝶的莊周呢？

王國維（1877～1927）《人間詞話》說：「有有我之境，有無我之境」，又說：「無我之境，人惟於靜中得之。有我之境，於由動之靜時得之」，故夢爲蝴蝶，是有我，覺爲莊周，亦是有我，心之所動，皆爲迷夢，正一如夏宇（1956～）〈自我的地獄〉所說的：「只要有一個人沒有醒來，大家就全部活在他的夢裡。」〔註44〕然而有此覺悟，一止一切止，則有我便傾刻消散，不爲蝴蝶亦不爲莊周，而入無我之境。換言之，入夢則是有我之境，而這個我，不是

〔註42〕同注6，《莊子・齊物論》，頁66。
〔註43〕見本文第貳章第二節之一。
〔註44〕夏宇：《夏宇詩集：Salsa》（台北：唐山出版社，2002年2月），頁119。

眞我，只是暫時的我，換了一個夢境，我就成了另一個我。〈知北遊〉說：「人之生，氣之聚也；聚則爲生。若死生爲徒，吾又何患！」以氣化論之，蝴蝶、莊周不過就是氣之聚合下的形體變換；以道心觀之，則生死形變也不過如鏡（用心若鏡）中燭火之幻影罷了。故成玄英曰：「莊生暉明鏡以照燭」〔註45〕，亦正如馬爾庫斯所說的：「宇宙從宇宙的本質當中，就像從蠟燭當中一樣，時而塑造出一匹馬，然後又打破這塑形，又捏成爲一株樹，然後又捏成一個人，然後又捏成爲其他事物；每一塑形僅能在短期間內存在。打破一只箱子和裝制一只箱子，都是一樣的沒有什麼可以令人感喟的。」〔註46〕因此，莊子認爲，生死形變也只不過物質間形態的流動、轉化與交換，是無傷於眞我精神的。成玄英曰：「生死往來，物理之變化」〔註47〕，是故又何必營役於生、倒懸於死呢？換言之，「生死同體，就像河海是一體的」〔註48〕，潮水起落、往復，正如生死之流動、交替，而無論此刻之翻騰爲河、爲海，皆一於水。故莊子曰「周與胡蝶，則必有分矣」，這是覺夢而了悟「緣起爲蝴蝶，緣起爲莊周，皆無必然性」〔註49〕的緣合聚散，其亦不過皆眞我如一。故又復入夢，無心以隨物化，則此夢便不再是爲迷夢，而只是或與莊周、或與蝴蝶相冥合的夢而已。

換言之，莊周夢蝶、蝶夢莊周，其蝶與莊周，只在各自的夢裡緣會，而沒有永恆的定性，是爲現象之有，其所分，爲成心分化活動下的經驗之分；待明覺物化之理，則莊周、蝴蝶，便超越成爲道心觀照下的形上之有，而其所分，則只是因其自然的天倪之分，其所待，亦即郭象說的同於大通而不失其所待〔註50〕的待。是故，無論是莊周或蝴蝶，皆能適心暢志，遂栩栩然胡蝶、或蘧蘧然莊周，無一不自得。

現象之有　　⟶　　道通爲一　　⟶　　形上之有
（莊周、蝴蝶）　　　（無我）　　　　（物化：莊周、蝴蝶）

〔註45〕同注6，頁112。
〔註46〕同注21，卷七第廿三，頁61。
〔註47〕同注6，頁114。
〔註48〕同注32，頁116。
〔註49〕同注2，頁219。
〔註50〕「唯聖人與物冥而循大變，爲能無待而常通。豈獨自通而已！又從有待者不失其所待，不失則同於大通矣。」同注6，頁1。

此即《莊子・應帝王》：「一以己爲馬，一以己爲牛。其知情信，其德甚眞，而未始入於非人」，忘我忘物，渾然爲一，故北宋・范仲淹（989～1052）〈岳陽樓記〉：「不以物喜，不以己悲」，這便是所謂「物化」；而海德格說：「心境愈是自由，愈能得到美地享受」〔註 51〕，其物化者，精神乃「上與造物者遊，下與外死生無終始者爲友」〔註 52〕，故曰：「行事之情而忘其身，何暇至於悅生而惡死！」〔註 53〕復以其精神之無限灑脫，而入絕對自由之境界，此即物化之美。

因此，「物化」乃是忘乎內外、至忘的最高境界，亦是絕對的精神自由。故子綦心齋至虛而忘外，坐忘喪我而忘內，正是進入生死物化的姿態，其形如槁木、而心如死灰，然而，精神卻是絕對的自由。正如庖丁解牛：「以神遇而不以目視，官知止而神欲行。依乎天理，批大郤，導大窾，因其固然」〔註 54〕，不再止於感官、心知〔註 55〕之用，不再計執於成心之分別相，任自然而神隨行，渾然忘我、與物爲體，故所見皆是自然之紋理、所聞皆是自然之天籟、所夢者皆是眞我，因此或爲莊周或爲蝴蝶，皆不傷眞我之心靈。

盧梭說：「人是生而自由的，但卻無往不在枷鎖之中。自以爲是其他一切的主人的人，反而比其他一切更是奴隸。」要解開無往不在的枷鎖，不但必須實踐無爲無待之工夫，消解現象的對偶、對待相遺，還必須心齋集虛、坐忘喪我，向上一層，最後超越生死。因此，「物化」可以說是無待的最高之境，亦是絕待的完成，因爲它乃直觸人最根本、根源的桎梏——生命與死亡。是故，由泯是非最後破死生，莊子以「物化」畫龍點睛，直指精神那絕對自由之處，乃寄託至忘於生死，故無生無死、視死如歸，此即所謂「帝之懸解」〔註 56〕。

（四）主客合一之美

而渾然物化，忘其分際，反過來說，也就是主客合一。「這種心靈的需要是呈現心靈的本質，心靈的本質是要開放自己，使得自己消融在整個的世界中，好像這美學的鑑賞者變爲一滴水，掉入海洋中，要與海洋合而爲一。這

〔註 51〕 同注 40，頁 60。
〔註 52〕 同注 6，《莊子・天下》，頁 1099。
〔註 53〕 同注 6，《莊子・人間世》，頁 155。
〔註 54〕 同注 6，《莊子・養生主》，頁 119。
〔註 55〕 同注 6，《莊子・人間世》曰：「聽止於耳，心止于符。」頁 147。
〔註 56〕 《莊子・養生主》，成玄英疏曰：「無死無生者縣解也。」同注 6，頁 129。

種心靈的需要，變爲一種『世界的感受』（Welt-gefuhl），指出把自己消融在世界中，這是自然與我合一，即物我相忘的情形」〔註 57〕，因此至忘的渾一，並不是將主客分離，而是主客合一的。而懷德海（Alfred North Whitehead, 1861～1947）也說：「事實上，外部世界非常緊密地與我們自己的本性交錯，以致我們不自覺地把我們關於它的較生動的視域與我們自己統一起來。例如，我們的身體處於我們自己的個人存在之外。但是它們仍然是這一存在的部份。我們想像我們自己在有身體的生命中緊密地交織在一起，以致人就是身體和心靈的複合的統一體。但是，身體是與它連在一起的外部世界的部分。事實上，它正像任何別的東西（一條河、一座山、一朵雲）一樣是自然界的部分。而且如果我們做到可以吹毛求疵的精確，那我們就不能確定身體始於何處，外部世界終於何處。」〔註58〕此亦正如馬克斯（Karl Heinrich Marx, 1818～1883）說的：「自然界同自己本身不可分離」。

以道心而言，道心應物不藏，將外在客體收歸於道心之照，故曰：「吾以觀復。夫物芸芸，各歸其根」，歸根即復道，我之在道，則稱適而上遂〔註59〕，其精神「乃是主體由修養而至的一種自由無限之精神境界，在此一精神境界中，物物各在己」〔註 60〕，此亦即物之在道；以物化而言，則我（主體）與萬物（客體）皆是存有下單一的存在，皆爲道所範疇，因此，我與萬物便屬於同層次的客體，故復無差別。換言之，當人由精神主體，超越地觀照物質形體，則物質形體之我亦不過爲現象界之現象，而成爲了經驗上的客體，並與其他一切實存「同層流轉」〔註 61〕。是故，道心觀照下，主客關係遂成爲渾然合一的狀態，此無分無際之自適逍遙，便是主客合一開展出來的美。

此種美正如朱光潛（1897～1986）先生所說的：「美不完全在外物，也不完全在人心，牠是心物婚媾後所產的嬰兒。」〔註 62〕在審美過程中，觀賞主體「並不是面對著對象或和對象對立，而是自己就在對象裡面」〔註 63〕，因

〔註57〕 同注 7，頁 406。

〔註58〕 懷德海（Alfred North Whitehead）：《思維方式（Modes of Thought）》。

〔註59〕 同注 52。

〔註60〕 同注 33，頁 268。

〔註61〕 此名詞引用自勞思光先生論〈莊周夢蝶〉時所用，詳見注 38，頁 254。

〔註62〕 朱光潛：《談美》（台北：漢京文化事業有限公司，民國 71 年 12 月），頁 49。

〔註63〕 利普斯（Theodor Lipps, 1851～1914）：〈論移情作用〉，同注 35，頁 377。

此，「美是對於精神的精神，通過外在世界而對自身起作用」〔註64〕，這種主客之間的過渡和綜合，可以視爲「它只是一種客觀向主觀的轉移，然而卻是一種必要的轉移」〔註65〕。但這並不代表對客體的摒棄、捨離，而是以物爲己之情，以己爲物之情的物我渾然一體之態度，換言之，當進入道心觀覽之中，則我便可以與物同遊，寄情（主）於景（客），反之，當然也可以觸景（客）生情（主），此即情景交融之境、主客合一之美。

（五）寂泊恬適之美

愛因斯坦（Albert Einstein, 1879～1955）嘗說：「人是宇宙的一部分，是時間和空間有限的一部分。他把自己的思想和感覺，當成與宇宙其它部分無關的獨立經驗——這是對自己的心識的一種光學錯覺。這種錯覺是一種監獄，把我們現制在個人的欲望和身邊幾個人的感情上。我們的工作就是擴大我們的慈悲心，去涵蓋一切生物和整體自然的美，把自己從這個監獄釋放出來。」〔註66〕而叔本華（Arthur Schopenhauer, 1788～1860）在《意志與表象的世界》裡，更強調了美的觀照可以將人從無法滿足的慾望中解脫出來。〔註67〕而美的觀照，在莊子哲學裡，即是道心所展現的那不知所往、不知所求的觀照之美，而在此觀照下，成心止息，止於寂泊，復能將外物收攝回來，安立於道心之內，則其「自覺心定於本然之眞，照見萬相之眞；主體回歸本然之主體性，客體亦回歸於本然之客體性」〔註68〕，換言之，即「以道心映照天地萬物，則無一物不可觀、亦無一物不自在」〔註69〕。此近於純粹心靈審美的生活態度，使人得以止息慾望，安頓於寂泊恬適之中。東晉詩人陶潛（365～427）〈飲酒〉之五曰：「採菊東籬下，悠然見南山」，其心境之悠然，便是寂泊恬適之寫照；其東籬之採菊，則是「獨與天地精神往來而不敖倪於萬物，不譴是非，以與世俗處」〔註70〕之不失於待，而與道冥合的同於大通；而南

〔註64〕轉引自費歇爾（F.T.Vischer, 1807～1887）：〈美的主觀印象〉，同注35，頁210。

〔註65〕轉引自費歇爾（F.T.Vischer, 1807～1887）：〈美的主觀印象〉，同注35，頁212。

〔註66〕Albert Einsteinl，Ideas and Opinions, translated by Sonja Bargmann（New York：Crown Publishers, 1954）, quoted in Weber, ed., Dialogues with Scientists and Sages, 203。

〔註67〕資料摘自注33，頁161。

〔註68〕詳見注38，頁232。

〔註69〕陳德和：《道家思想的哲學詮釋》（台北：里仁書局，九十四年一月），頁159。

〔註70〕同注6，《莊子・天下》，1098、1099。

山之見，則復爲「天地與我並生，萬物與我爲一」〔註71〕，那主客渾化爲一的美的顯現。

綜合上述，「太一就是眞，就是善，就是美，就是眞善美的統一」〔註72〕，而對於眞、善、美的體證，「莊子的經驗方式，乃非正面的、非肯定的、消解的，因此所謂『美』不從對象的觀照中得來，而是純粹主體心靈，離遣一切僞妄的、雜多的、對立的情識之後，所呈現的一種眞實、虛靈、沖和的內在境界：這境界既是心靈的極境，也是宇宙萬物的極境，就稱之爲『大美』。但這絕對性的『大美』並非是一種正面的『有』，而是一種非正面的『無』。」〔註73〕而這個「大美」（非正面的無），便是在道心因其有無、藏顯皆攝（至虛至寂而又復照萬物）的辯證下所顯現出來的眞善之美、觀照之美、物化之美、主客合一之美與寂泊恬適之美。

二、聖

（一）無生無死

生死之困至知識之困，是苦的進程，而消解的過程則是反向的，乃是由經驗現象層層剝落，最後至人最根本的原點，因此雅士培（Karl Jaspers, 1883～1969）說：「從事哲學即是學習死亡。」第貳章所提到的「生死相因」，旨在將死亡的認識轉爲對生活的理解，轉消極爲積極，反過來對有限的生命更加專注、投入，使人在生之時能設法好好生活。而本節則旨在因順物化，從而正面地坦然面對死亡。

> 予惡乎知說生之非惑邪！予惡乎知惡死之非弱喪而不知歸者邪！麗之姬，艾封人之子也。晉國之始得之也，涕泣沾襟；及其至於王所，與王同筐床，食芻豢，而後悔其泣也。予惡乎知夫死者不悔其始之蘄生乎！（〈齊物論〉）

麗之姬尚未至晉國時，不知晉國樣貌，亦不知有王宮，直到去了晉國、入了王宮，才知晉國王宮之美，而後悔當初對麗戎國的眷戀不捨。正如《莊子·至樂》的莊子與髑髏，莊子未曾爲髑髏，故不知死，遂以生爲樂而以死爲苦，

〔註71〕同注6，《莊子·齊物論》，頁79。
〔註72〕朱立元主編：《西方美學名著提要（下）》（台北：昭明出版社有限公司，2001年8月），頁16。
〔註73〕同注33，頁210。

然而髑髏曰：「死，無君於上，無臣於下，亦無四時之事，從然以天地爲春秋。」
由骷髏的角度看，死反而是生的解脫。然而，正因爲死亡是一次性〔註74〕的，
未死之人都未曾死，亦不可能如寓言中的麗之姬、骷髏，回過頭再來說王宮
之華美、死之至樂，所以對於生必然執著。因此，莊子便嘗試以絕待物化來
替代證死過程，以忘生忘死來無生無死，換言之，即透過內在精神的提昇上
遂至道，使生死在物化下渾同爲一。正如索甲仁波切（Sogyal Rinpoche, 1947
～）所說：「生和死就在心中，不在別處」〔註75〕，生死就在道心觀照之中。
是故，以自然之變化爲至道的規律呈現、以其反映於現象上的損益盈虧爲道
之動態均衡，而以晝夜交替爲天道之常態、以生死相繼爲人之際命，故曰：「死
生，命也，其有夜旦之常，天也」〔註76〕。因此，能視死生之變，猶四季更
迭、晝夜之常，既不以生爲生、亦不以死爲死〔註77〕，形隨物化，故生死無
變於己，此所以安時而無古無今、物化而無生無死，故不必之晉國、爲骷髏，
便能同遊於至樂當中。

　　因此《莊子・秋水》說：「吾以天地爲棺槨，以日明爲連璧，星辰爲珠
璣，萬物爲齎送。吾葬具豈不備邪？何以加此？」，我與天地物化，則我何
有生死分際？其際乃與萬物並生而已。正如紀伯倫說：「死亡不過是赤裸裸
站在風中，融入陽光裡罷了」〔註78〕，故「莊子妻死，惠子弔之，莊子則方
箕距鼓盆而歌」〔註79〕，而波特萊爾（Ch. Baudelaire, 1821～1867）也說：「我
總是在喪禮的時候笑，而在婚禮中哭」，享樂主義者伊比鳩魯（Epicurus, 341
～270 B.C.）甚至開朗地將死完全遺除了：「我們生存時，死尚不存在；死來
時，我們已不生存；所以死對我們毫無關係」〔註80〕。總而言之，都表現出
不以死爲死的豁達，使人在有限的物質生命裡，破繭而出，創造無限的精神
自由。

〔註74〕詳見本文第貳章第二節之一，述及死亡之特性。
〔註75〕索甲仁波切著，鄭振煌譯：《西藏生死書》（台北：張老師文化事業股份有限
　　　　公司，1998 年 6 月），頁 71。
〔註76〕同注 6，《莊子・大宗師》，頁 241。
〔註77〕郭象曰：「今生者方自謂生爲生，而死者方自謂生爲死，則無生矣。生者方自
　　　　謂死爲死，而死者方自謂死爲生，則無死矣。」同注 6，頁 67。
〔註78〕同注 32，頁 119。
〔註79〕同注 6，《莊子・至樂》，頁 614。
〔註80〕轉引自注 21，注解八，頁 124。

（二）樂生樂死

> 夢飲酒者，旦而哭泣；夢哭泣者，旦而田獵。方其夢也，不知其夢
> 也。夢之中又占其夢焉，覺而後知其夢也。且有大覺而後知此其大
> 夢也，而愚者自以爲覺，竊竊然知之。君乎，牧乎，固哉！丘也，
> 與女皆夢也；予謂女夢，亦夢也。是其言也，其名爲弔詭。萬世之
> 後而一遇大聖，知其解者，是旦暮遇之也。（〈齊物論〉）

「夢飲酒者，旦而哭泣；夢哭泣者，旦而田獵。方其夢也，不知其夢也。」
夢裡作樂、醒時悲傷，夢裡憂愁、醒時歡愉，然而夢與夢醒的我，不過皆各
是其自然之是，如莊周與蝶，夢蝶則栩栩然胡蝶、覺周則蘧蘧然而周，故成
玄英曰：「夫生死之變，猶覺夢之異……是故生時樂生，死時樂死，何爲當生
而憂死哉！」〔註81〕覺夢之異，而知莊周胡蝶、飲酒田獵之有分，而此分又
只依夢而緣立，換言之，生死之分，亦可說依天命緣合而有。因此，生時便
生，得生之樂，而不以生爲憂患，亦不以死爲悲苦。故生則樂生、死則樂死，
其樂生樂死，皆復在當下。

　　然而，周與蝴蝶之自適其是，覺亦不知是周之夢爲胡蝶，還是胡蝶之夢
爲莊周，因此莊子接著說：「夢之中又占其夢焉，覺而後知其夢也」，故此田
獵之寤或許也不過另一個哭泣之寐罷了。若以覺夢爲覺，此恰如瞿鵲子以孟
浪之言爲妙道之行，而超然自喜，仍未能眞正忘妙遺有，正無異於夢中占夢，
落入「愚者自以爲覺，竊竊然知之」的窘境。換言之，至道是不道之道，眞
言是不言之辯，大覺即不覺之覺，也就是說，覺夢仍然是待夢而覺，若離夢
則無所覺，故由夢而覺夢，又復入夢，夢而不爲迷夢，覺而不爲未寤之覺，
這才是眞正地大覺。

　　故莊子最後又說：「予謂女夢，亦夢也。是其言也，其名爲弔詭。」不
以獨覺而爲覺，否則便又落入另一個執覺的迷夢。因此所謂「弔詭」，即由
迷夢至覺夢、復由夢之覺而又入夢，正如物化乃依莊周蝴蝶而化成、天籟之
聞亦寓人籟地籟而有聲，換言之，單方面執著於莊周或蝴蝶、天籟或二籟〔註
82〕，都不是大醒大覺，眞正的覺醒乃是入乎物而任其物化、聽於二籟而獨
聞天籟。

　　是以《莊子・大宗師》曰：「朝徹而後能見獨；見獨而後能無古今；無古

〔註81〕同注6，頁105。
〔註82〕指人籟、地籟。

今，而後能入於不死不生。殺生者不死，生生者不生。其爲物無不將也，無不迎也，無不毀也，無不成也。其名爲攖寧。攖寧也者，攖而後成者也。」獨即絕待獨立之至道〔註83〕，故獨而能不失其所待，「當所遇而安之，忘先後之所接，斯見獨者也。」〔註84〕，而一於道。因此，外物紛擾，匯爲迷夢，而惟有道心能隨物遷化，不爲之曲折，而應對常寂，此即所謂和光同塵、無翼而飛。換言之，「莊子所追求的思想的自由之境是超越必然與實然的，但是又離不開必然和實然，他就存在於現實之中」〔註85〕，亦即，這精神的絕對自由之開出，乃是透過實踐工夫與道冥合，由現實的存在的有限性，所超越上來的人的無限性，也就是說，這無限性必然是依有限性而超越、開出的。而依此精神之絕對自由，則能由忘生忘死、而至無生無死，又復入生死、而得樂生樂死之至樂。

（三）安生安死

蒙田說：「死亡在哪裡等著我們是很不確定的，那就隨時恭候它。事前考慮死亡也就是事前考慮自由。誰學習了死亡，誰也學習了不被奴役。死亡的學問使我們超越任何束縛與強制，一個人明白了失去生命不是壞事，那麼生命對他也就不存在壞事了。」〔註86〕因此卡謬（Albert Camus, 1913～1960）說：「只有一個眞正嚴肅的哲學問題，那就是自殺。」自殺，不但是對生的逃避，亦是對死亡的侮辱。是故，面對生命「一受其成形，不亡以待盡」之無奈，以及「物相刃相靡，其行盡如馳」之寂寞，卡謬說：「最重要的不是痊癒，而是和自己的疾病生活下去。」並設法將生命安立於形上層次，使苦獲得轉化〔註87〕。因此，莊子安立生死於物化，此一轉化，則或蝶或周，無一不自適，而飲酒田獵，無一不暢志，復能安死。

而所謂安生，一方面，便是在向死存有的消極意義上，翻出生活必然如實展開的積極意義，將對死的認識轉爲對生的實踐，同時，亦即先承認

〔註83〕成玄英疏：「夫至道凝然，妙絕言象，非無非有，不古不今，獨往獨來，絕待絕對。觀斯勝境，謂之見獨。」同注6，頁254。
〔註84〕郭象注，同注6，頁254。
〔註85〕刁生虎：《莊子的生存哲學》（北京：中國傳媒大學出版社，2007年5月），頁22。
〔註86〕米歇爾・德・蒙田（Michel de Montaigne）著，馬振騁譯：《蒙田哲語錄：對死亡的蔑視》（新北市：遠足文化事業有限公司，民國101年3月），第42則，頁32。
〔註87〕「撫慰你心靈的琵琶不正是被小刀挖空的木頭嗎？」同注32，頁57。

了人的有限性（人的有限性即由物質生命〔註88〕、時間〔註89〕、死亡〔註90〕構成），黑格爾如是說：「必然性的眞理就是自由」〔註91〕，反過來說，自由便是對必然的認識。換言之，即人必須從物質生命（指物理性的元素組成、化學的能量質變這些維持生命能量的運作）開始，由此有限性，作爲創造無限性的基礎，進一步提升爲高一層次的生命，即進入精神生命、意義生命〔註92〕之中。在馬斯洛（Abraham・Maslow, 1908～1970）的需求金字塔（需求層次理論：Maslow's hierarchy of needs）裡，亦將代表物質的生理需求放在最底層，而代表精神的自我價值實現則置於最頂端，顯示意義生命仍是較高於物質生命的層次。而在莊子，此提升之過程即是無爲無待、心齋坐忘，透過以上之修持，復而由形軀我、思維我以及德性我超脫而出〔註93〕，翻出精神的絕對自由。此即勞思光先生所說的：「形軀不足貴，認知不足貴，德性亦無價值……，所餘者唯有一自在觀賞之心靈。」〔註94〕心靈自在作觀賞，則便能安時處順，最終乃至於忘生忘死。因此，精神的絕對自由，正是潛藏在那超越限制的可能性之中，換言之，人的有限亦因著這可能性而有無限的可能。是故，莊子寓言下的幾個人物，如哀駘它、王駘、申徒嘉、叔山無趾，無一不設定爲貌醜形殘，其意義便在於忘形，旨在提示形軀會衰老，但精神卻是不斷隨著時間而豐富、充盈的。一方面，則如亞里斯多德（Aritotle, 384～322

〔註88〕此處指的是人的物質生命純粹的肉，便像是德謨克利圖斯（Demokritos, 460～370 B.C.）「原子論」，即以每一種事物都是由原子的組合變化，爲唯物論物質生命。

〔註89〕海德格以爲時間對 Dasein 的表現是有限的。換言之，因爲時間在 Dasein 之中表現爲有限的（過去、現在與未來），也就是時間在 Dasei 中展現了 Dazein 的有限性。

〔註90〕指個體的死亡，醫學上的維生系統停止運作、肉體逐漸腐敗，最後意識消失了，什麼都不剩。

〔註91〕黑格爾著、賀麟譯：《小邏輯》（北京：商務印書館，1980），頁 322。

〔註92〕「在亞納薩哥拉斯看來，『量』可以解決物質世界，可是唯有『質』才可以解決生命的世界。這麼一來，他以爲生命在物質世界中是高層次的存在；也就因此，他以爲要解釋宇宙的問題，要解釋人在認識這個世界的問題，還是要透過『精神』，而不是透過物質的元素的原子。」同注7，頁107。

〔註93〕「自我境界之有種種不同，茲依一攝準，將自我境界作以下劃分：（1）形軀我——以生理及心理欲求爲內容。（2）認知我——以知覺理解及推理活動爲內容。（3）情意我——以生命力及生命感爲內容。（4）德性我——以價值自覺爲內容。」見注38，頁143。

〔註94〕詳參引注38，頁275。

B.C.）所說：「人在幸福中可能表現爲偉大的，僅僅在不幸中才表現爲崇高的」〔註95〕，故必由忘形，而使生命由外轉而專注於內，並透過契合大道的實踐，復使精神入絕對自由之境。如鯤魚化作鵬鳥，水擊三千里，扶搖而上九萬里，怒起飛天〔註96〕般，朝理想的南冥而去。因此，托爾斯泰（Lev Nikolayevich Tolstoy, 1828～1910）說：「人或爲其肉體而活，或爲靈魂而活。人爲肉體而活——生命是痛苦的，因爲肉體要受苦難，有生老病死：爲靈魂而活——生命是幸福的，因爲靈魂既不會受苦受難，也沒有生老病死。因此，爲了使得生命不是痛苦而是幸福，人應當學會不爲肉體而活，而爲靈魂而活。」〔註 97〕爲精神生命而活，這便是安生。

因此，透過修持而不以死爲事，乃至上述之忘死樂死，這便是安死，安死而後能安生，安死安生，復展現如宗教般所帶來的平靜寧和，這便是「聖」的理境。雪萊（Percy Bysshe Shelley, 1792～1822）〈無常〉說：「無論是喜悅或悲傷都會溜走，我們的明日從不再像昨天」，現象萬變莫測、時光遷流不息，然而，只有眞君、眞宰常駐不變，故瘂弦（1932～）〈深淵〉裡有如此體悟：「沒有甚麼現在正在死去，今天的雲抄襲昨天的雲。」至道是永恆的，而契合至道的精神是絕對自由的精神，此境正如唐‧錢起（710～782）《省試湘靈鼓瑟》裡的：「曲終人不見，江上數峰青。」而詩人楊牧（1940～）在〈野薑花〉〔註98〕裡亦有體會：「而所有關於美麗和憂鬱的辯證，衝突都在漸合的宇宙大幕裏融化爲虛無。花開在草原向水處。」一切美麗和憂鬱，不過物來物去、緣合聚散，是有卻也是無，終究收攝於道心之虛。而曲終人散，只有青山安立於此，天幕漸掩，亦只花開在草原向水處。生命惟有安立於道，才能恬適自在、雲撥見日，這便是〈齊物論〉「因」之體證所帶來「聖」的寧和、豁達與空靈，也是精神最高的安身立命之所。

〔註95〕席勒（Johann Christoph Friedrich Von Schiller, 1759～1805）也說：「對激情的崇高來說，有兩個主要的條件事必須的。第一，一個生動的痛苦表象，以便引起適當強度的同情的情感激動。第二，反抗痛苦的表象，以便在意識中喚起內在的精神自由。只有通過前者，對象才成爲激情，只有通過後者，對象才同時成爲崇高的。」席勒（Johann Christoph Friedrich Von Schiller, 1759～1805）：〈論崇高——對康德某些思想的進一步發揮〉，同注 35，頁 21。

〔註96〕同注 6，《莊子‧逍遙遊》，頁 2。

〔註97〕托爾斯泰：《老子的學說》，轉引自萬榮晉主編：《道家文化與現代文明》（北京：中國人民大學出版社，1991 年 4 月），頁 125。

〔註98〕楊牧：〈野薑花〉之六，《涉事》（台北：洪範書店，2001 年 6 月），頁 44。

第陸章　結　論

一、以因證道

章炳麟曰：「若能循齊物之眇義，任夔蚿之各適，一人百族，勢不相侵，井上食李之夫，犬儒裸形之學，曠絕人間。」本文則以「因」循齊物之眇義而以證道，措其要旨於下：

（一）「因」的因果意義──彼是相因之現象

柏拉圖（Plato, 約 427～347 B.C.）說：「不知道自己的無知，乃是雙倍的無知。」同時，「認識了必然就是自由」〔註1〕。為承認此無知，以及承擔人的必然，莊子選擇從「彼是相因」切入，以見人的必然限制處，而其超越之實踐亦由此必然處著手。

第一，是人生命的限制，生死是相因的，使人明白人之必然。面對生死彼是相因的必然上，若是積極的，則由向死之必然，如實實踐其過程，將向死之向，化為推進生的動力。反之，若是消極的，則遂產生慾望，心則淪為慾望導向的成心，生活遂為之衰死，乃真我之陷落；第二，是知識的限制，人的先驗的知性範疇與感性的時間直覺將雜多對象化，確立了它的對象性，而對象的確立則連結到經驗上則成為表象的對題的使用。是故經驗知識是對題的，乃在彼是相因的分化活動下相反相成，而在此相反相成的經驗知識裡，追求到的永遠不是絕對，而只是二分地相對。換言之，任何一個答案都只會再帶向另一個問題，此復為知識之曲折。倘若生命只汲汲營營於知識之追求，

〔註1〕湯一介：《郭象與魏晉玄學》（台北：谷風出版社，1987年3月），頁278。

則將導致生命本身在其不斷構築的相對價值體系中相互迷失。故蒙田說：「推理與學識，即使我們對這兩種能力有意識地全部給予全部的信任，也不足以使我們增強行爲的能力，除非我們心靈還經過實踐的考驗與培育，去面對生活的經歷；不然，一旦遇上事件，我們的心靈無疑會不知所措。」〔註2〕因此，在這兩重彼是相因之下追尋道，無非又是另一重彼是相因，只是因果般地無限無解。然而，生命至道，並不是於此追尋中獲得，它乃是融於生活中的實踐，而體證於天地萬物的。

（二）「因」的順應意義──道通「有」「無」、以一攝多

現象的彼是相因若對應著知識，那麼生命至道的順應實踐便對應著智慧。換言之，爲揭示道之智慧，「因」遂必須設法由現象彼是相因之因果意義，超越爲相應至道的順應意義，而此順應意義下的「因」之對象顯然不再是現象的對象了。那麼此順應之對象爲何呢？莊子說「是以聖人不由，而照之於天。亦因是也」、「適得而幾矣，因是已」、「名實未虧而喜怒爲用，亦因是也」、「無適焉，因是已」，雖然皆簡單以「因是」來代表，但綜觀〈齊物論〉，其「是」作爲「因」的對象，至少包涵兩重意義：「因是」即因「有」──形上之有，亦因「無」──道心之在。因「有」，則此有乃是道心朗照下，所顯露的物之在其自己，是以，因此自在之有，亦必同時因其使之顯露的「無」。因「無」，則主要顯現了道的諸種特性：即道的無性、超越性、創生性、獨立性與其恆常性，乃作爲原理原則以爲「有」的支撐，使天地萬物在道心朗照下而具有必然性、獨立性，同時，道的無性及超越性、創生亦能創蘊萬物而濟於天下，實現其普遍以及永恆。綜合上述，觀照其體用，「有」復呈現爲道心朗照下的「不一」，此「不一」乃自性表現爲本質之在。然而就其所本，則萬物皆適道而已，故差別相泯去，以不齊而齊之，又復爲「一」。此即以一攝多、以無攝有，而「因是已」便是涵攝此因「有」（不一）與因「無」（一）的兩重意義。

（三）「因」的工夫──精神自由

「因」的對象確定了，而「因」其對象的落實，則必然透過實踐以完成。換言之，「因」是本體論同時也是工夫論。牟宗三先生說：「凡可依客觀論證

〔註 2〕米歇爾‧德‧蒙田（Michel de Montaigne）著，馬振騁譯：《蒙田哲語錄：對死亡的蔑視》（新北市：遠足文化事業有限公司，民國 101 年 3 月），頁 63。

所證成，則屬於量化領域，可以量度、可以標準化，科學知識即如此。但內容真理則繫屬於主體，由主體內在的人性，涉及具體經歷；這裡頭有一主極細密地自我實現歷程，一種極艱難的自我修為工作。」〔註3〕因此，「因」若只說那「因」的對象，便顯得虛而不實，不但無法觸及那對象，而其對象亦無法進入生命本身，故「因」尚必須再透過主體實際上的修持實踐，才能真正落實下來。而莊子採取的自我修持，即無為無待、心齋坐忘。無為而因自然，則物物各適性自用，兩不相勝，更上一層，即泯去無為之跡，而入絕待之境；心如明鏡而忘外忘物，為心齋，忘其明鏡復而忘內忘我，為坐忘。以此迹冥相即、和光同塵之境，遊乎天地萬物之有，乃精神之絕對自由之呈現，此即「因」的工夫實踐，亦為莊子「無適焉」之精神。

（四）「因」的理境——安身立命之所

透過「因」的工夫，實現「因」的對象，最後復開展出「因」的理境——即真、善、美、聖之理境。因道之在，則心便不再陷落為成心，而物亦在道心之照下，朗現物的自然之在，正如子綦聞聲，其聞人籟地籟而俱是天籟，此即不作捨離而明物之真，這是「真」的理境；用心若鏡故對內勝物不傷，這是對自我之善，而一日之照，乃對外兩不相傷，此則是對天地之善，這是「善」的理境；而「美」的理境，即道心因其有無、藏顯皆攝辯證下所顯現出來的真善之美、觀照之美、物化之美、主客合一之美與寂泊恬適之美。其照、觀、遊的應物姿態，除了證明「『道』具有藝術性格，就其顯像而言，可視為一種天地萬物之精神，而為一形上之實體」〔註4〕，同時，也反映出莊子以「因」應物的瀟灑性格；最後，透過與物相因、隨物遷化，而體證無生無死、樂生樂死，復而安生安死，展現與道合一的生命精神、無適恬淡的生命情調，此即精神最高安立之所，乃「聖」的理境，也是「因」的最高之境。

（五）生命實證——天地與我並生，萬物與我為一

〈齊物論〉中「與物相刃相靡，其行盡如馳，而莫之能止，終身役役不見其成功，苶然疲役不知其所歸」之悲哀，就像托爾斯泰〈一個人需要多少土地〉的寓言裡，那個被欲望推著走捨不得回頭的人。於是，人在生命裡長

〔註3〕牟宗三講述、陶國璋整構：《莊子齊物論義理衍析》（台北：書林出版社，1994年4月），頁39。

〔註4〕詳見顏崑陽：《莊子藝術精神析論》（台北：華正書局有限公司，民國九十四年一月），頁153。

途跋涉，以各種方式找尋解答〔註5〕，或在某一個時刻從渾噩、不安中赫然驚覺，進而由外在的執迷妄想返於內在的自我省視。按莊子的進路，乃必須透過主體的修持實踐，而由自身的必然中超拔出精神自由之無限，因此，首先遂將生命超越為形上層次，以逼顯出一真我之在。然而，「形上學的目的是設法知物、知人、知天，最後要達到『天人合一』的境地」〔註6〕，亦即「人的宇宙化，強調人與宇宙的合一」〔註7〕、物我的渾然一體，換言之，其精神必再次返於生活中而落實，使實際生命得以獲得安頓。故北宋・蘇軾（1037～1101）〈前赤壁賦〉道：「客亦知夫水與月乎？逝者如斯，而未嘗往也；盈虛者如彼，而卒莫消長也。蓋將自其變者而觀之，則天地曾不能以一瞬；自其不變者而觀之，則物與我皆無盡也。而又何羨乎？且夫天地之間，物各有主，苟非吾之所有，雖一毫而莫取。惟江上之清風，與山間之明月，耳得之而為聲，目遇之而成色。取之無禁，用之不竭。是造物者之無盡藏也，而吾與子之所共適。」其因道之在，有真君、真宰之立，復照天地，則物物自如，故獨立不化不變；其天府葆光，府藏有無，故取之不盡不竭；其用心若鏡，青山明月清風，適來適往，耳目聲色為照，故不執不取；其因變之常，則或忽然物化，或與時共移，物與我皆能無窮無盡，安樂性命。換言之，人終究是一世界裡的存在，故必同世界而證之。莊子「因」的工夫正是實踐於生活之中，「因」的理境亦實與生命合而為一，既不執著於世界，故齊物而逍遙，亦不離棄世界，因此最後又回歸於人間世。其因「無」，得以觀始物之妙，因「有」，以而觀終物之徼，故至道乃全體大明，復入真、善、美、聖之境而安命，此即〈齊物論〉「因」之體證，亦是生命之實證。

二、鑑往啓後

　　莊子〈齊物論〉其「因」的對象重玄有無，乃直接或間接地使魏晉玄學於此獲得闡發玄理、清談的養分。

〔註5〕　余秋雨（1946～）：「想到起點和終點，我們的日子空靈了又實在了，放鬆了又緊迫了，看穿了又認真了。外力終究是外力，生命的教師只能是生命本身。……昨天已經過去又沒有過去，經過一夜風乾，它已成為一個深奧的課堂。這個課堂裏沒有其他學生，只有你，而你也沒有其他更重要的課堂。」余秋雨：《人生風景》（台北：時報出版，2007 年 4 月）。

〔註6〕　鄔昆如：《哲學概論》（台北：五南圖書出版股份有限公司，2006 年 9 月），頁336。

〔註7〕　同注6，頁335。

　　第一，如莊子〈齊物論〉「因」的對象，乃有無重玄、以一攝多，對於魏晉玄學的影響，如有無之辨，以及由有無之辨落實下來的名教與自然之辨，或魏・嵇康（223～263）〈釋私論〉：「夫稱乎君子者，心無措乎是非……矜尚不存乎心，故能越名教而任自然」，或郭象的名教即自然：「夫聖人雖在廟堂之上，然其心無異於山林之中……聖人動寂相應，則空有並照，雖居廊廟，無異山林」〔註8〕，或王弼的名教出於自然，曰：「聖人體無，無又不可以訓，故不說也。老子是有者也，故恆言其所不足。」〔註9〕另外，其〈大衍義〉曰：「衍天地之數，所賴者五十也。其用四十有九，則其一不用也。不用而用以之通，非數而數以之成，斯易之太極也。四十有九，數之極也。夫無不可以無明，必因於有。故常於有物之極而必明其所由之宗也。」〔註10〕亦可見其有本於無、而無不可以無有之脈絡。雖然王弼注《老子》，但亦不難看出此亦有〈齊物論〉裡「因」的對象的有無相因之痕跡。除此之外，其有無相因或亦成為郭象跡冥無待的原點（配合因其有無的實踐工夫），而當時風行魏晉的言意之辨，亦或許與這樣的有無體用之形式有內在的關聯，茲不贅述。

　　其次，延續「因」的觀照之美，魏晉清談之士一度流行將人之性情作為觀賞之對象，如劉劭（約生於漢靈帝建寧（168～172）年間，卒于魏正始（240～249）年間）《人物志》裡說的「九徵」：「平陂之質在於神，明暗之實在於精，勇怯之勢在於筋，彊弱之植在於骨，躁靜之決在於氣，慘懌之情在於色，衰正之形在於儀，態度之動在於容，緩急之狀在於言。」便是對人的性情作觀察所整理出的九種品鑑分類。此亦即勞思光先生所說的，魏晉清談之士乃

〔註8〕　見郭象〈逍遙遊注〉，【清】郭慶藩：《莊子集釋》（北京：中華書局，2010年11月），頁28。

〔註9〕　【晉】陳壽著，盧弼集解：《三國志集解》（台北：藝文印書館，1956年），《三國志・魏書・鍾會傳》卷二十八，裴松之注引何劭〈王弼傳〉，頁681。

〔註10〕　【魏】王弼《周易・繫辭注》，引自【魏】王弼著，樓宇烈校釋：《王弼集校釋》（北京：中華書局，1999年12月）。「至於本體之『無』與現象層面之『有』的關係，王弼著重於闡明以有明無，亦即『無必因於有』之論點，並由此以解易。這主要表現在其釋〈繫辭〉傳『大衍之數五十，其用四十有九』之論點中。……王弼以筮法中不參與推演之『一』，象天地萬物之本──太極，亦即『無』。並闡明『無』和天地萬物（『有』）之關係為『夫無不可以無明，必因於有』，即欲了解本體之無必須透過現象層面之有，這闡明『無』與『有』，亦即本體與現象，乃為不可分割之整體。」陳鼓應：〈王弼道家易學詮釋〉《臺大文史哲學報》，第五十八期，2003年5月，頁11。

繼承老莊「觀賞之自由」，而其所取之精神方向，亦實爲觀賞之態度。〔註 11〕

第三，魏‧何晏（191～249）以爲聖人之心乃無哀樂之動，而不知來去不住，只是道心照之的緣故。「何晏以爲聖人無喜怒哀樂，其論甚精，鍾會等述之。弼與不同，以爲聖人茂於人者神明也，同於人者五情也。神明茂，故能體沖和以通無；五情同，故不能無哀樂以應物。然則聖人之情，應物而無累於物者也。今以其無累，便謂不復應物，失之多矣。」〔註 12〕這種應物的觀念，若以莊子「因」的實踐，亦即用心若鏡之工夫來作解，會是比較適合的。而王弼以應物無累說明了聖人對哀樂之態度，亦可以說是道家用心若鏡的延續。甚至到了北宋‧程顥（1032～1085），其〈答橫渠先生定性書〉云：「所謂定者，動亦定，靜亦定，無將迎，無內外」，亦或見相同之處。

第四，〈齊物論〉「因」的有無相因，最後歸於道通一體，即天（天道）人（道心又復照萬有）合一之境的：「天地與我並生，萬物與我爲一」，除了對魏晉玄學的影響，此又或與程顥的體用如一：「形而上爲道，形而下爲器，須著如此說。器亦道，道亦器。」〔註 13〕甚或南宋‧陸九淵（1139～1193）的：「宇宙便是吾心，吾心即是宇宙。」〔註 14〕乃至於後來明‧王守仁的一體觀〔註 15〕：「大人者，以天地萬物爲一體者也。」〔註 16〕有相通之處。其次，「因」的物我爲一、絕對無待之即工夫即本體，亦如程顥之天理與實踐的合一：「吾學雖有所受，天理二字，卻是自家體貼出來」〔註 17〕，甚至可能延續到清‧黃宗羲（1610～1695）的即體見用：「心無本體，工夫所至即是本體」〔註 18〕。統而言之，以上諸點或可能延伸的脈絡，皆有待更周詳的文獻考證與義理疏通。

〔註 11〕 詳見頁勞思光著：《新編中國哲學史（二）》（台北：三民書局股份有限公司，2007 年 1 月），頁 154、158。

〔註 12〕 同注 9，頁 681。

〔註 13〕 【宋】程顥、程頤：《二程遺書》，卷二。

〔註 14〕 【宋】陸九淵：《陸象山全集‧雜著》，卷二十二。

〔註 15〕 「島田氏則基本上認爲王陽明的一體觀是受到程顥的影響，而後者則或許受到莊子〈齊物論〉之『天地與我並生，萬物與我爲一』以及僧照之『天地與我同跟，萬物與我一體』觀念的影響。」陳立勝：《王陽明「萬物一體論」——從「身——體的立場看」》（台北：國立臺灣大學出版中心，2005 年 05 月），頁 32。

〔註 16〕 【明】王守仁：《王陽明全集‧大學問》，卷二十六。

〔註 17〕 【宋】朱熹編：《二程外書》，卷十二。

〔註 18〕 【清】黃宗羲：《明儒學案‧原序》。

附錄　參考書目

一、古　籍（按年代排列）

1. 【漢】司馬遷：《史記》（楊家駱編：《新校本二十五史》）（台北：鼎文書局股份有限公司，民國 64 年）。

2. 【漢】許慎：《說文解字》（北京：中國書店出版社，2002 年 1 月）。

3. 【漢】許慎著，【清】段玉裁注：《新添古音說文解字注》（台北：洪葉文化事業有限公司，2010 年 9 月）。

4. 【魏】王弼：《老子道德經注》（台北：世界書局，民國五十一年四月）。

5. 【魏】王弼注、【唐】孔穎達疏：《周易正義》（台北：廣文書局，1972 年 1 月）。

6. 【晉】陳壽著，盧弼集解：《三國志集解》（台北：藝文印書館，1956 年）。

7. 【宋】邵雍：《皇極經世書·觀物篇》（台北市：新文豐出版股份有限公司，1985 年）。

8. 【宋】程顥、程頤：《二程遺書》（上海：上海古籍出版社，2000 年 12 月）。

9. 【宋】朱熹：《周義本義》（北京：中華書局，2009 年 11 月）。

10. 【宋】朱熹：《四書章句集注》（台北：大安出版社，2006 年 8 月）。

11. 【宋】張載著、朱熹注：《張子全書》（台北：臺灣商務印書館，民國六十八年）。

12. 【明】王守仁：《王陽明全集》（台北：河洛圖書出版社，1978 年 5 月）。

13. 【清】郭慶藩：《莊子集釋》（北京：中華書局，2010 年 11 月）。

14. 【清】王先謙：《荀子集解》（台北：華正書局有限公司，民國九十二年十月）。

15. 【清】王先謙：《莊子集解》（北京：中華書局，2006 年 1 月）。

二、專書（按作者姓名筆劃、字母順序排列）

1. 刁生虎：《莊子的生存哲學》（北京：中國傳媒大學出版社，2007 年 5 月）。

2. 王邦雄：《老子的哲學》（台北：三民書局股份有限公司，民國六十九年九月）。

3. 王邦雄：《中國哲學論集》（台北：台灣學生書局有限公司，1983 年）。

4. 王邦雄、岑溢成、楊祖漢、高柏園著：《中國哲學史》（上）（台北：里仁書局，2005 年 9 月）。

5. 王邦雄、岑溢成、楊祖漢、高柏園著：《中國哲學史》（下）（台北：里仁書局，2005 年 11 月）。

6. 王德有：《談有論無：魏晉玄學》（台北：萬卷樓圖書股份有限公司，2006 年 6 月）。

7. 王國維著，林枚儀導讀：《人間詞話》（台北：金楓出版社，1991 年）。

8. 方東美：《中國哲學之精神及其發展》（台北：黎明文化事業公司，2005 年 8 月）。

9. 白玄主編：《辯證法的大師：黑格爾》（北京：中央文獻出版社，2000 年 9 月）。

10. 朱柏崑主編：《易學漫步》（台北：台灣學生書局有限公司，1999 年 2 月）。

11. 朱光潛：《談美》（台北：漢京文化事業有限公司，民國 71 年 12 月）。

12. 朱光潛：《給青年 12 封信》（台北：國際少年村圖書出版社，2000 年 10 月）。

13. 朱立元主編：《西方美學名著提要》（台北：昭明出版社有限公司，2001 年 8 月）。

14. 牟宗三：《智的直覺與中國哲學》（台北：臺灣商務印書館，2006 年 7 月）。

15. 牟宗三：《才性與玄理》（台北：台灣學生書局有限公司，1993 年 2 月）。

16. 牟宗三：《現象與物自身》（台北：台灣學生書局有限公司，1990 年 3 月）。

17. 牟宗三：《中國哲學十九講》，（台北：台灣學生書局有限公司，1995 年 2 月）。

18. 牟宗三：《中西哲學之會通十四講》（台北：台灣學生書局有限公司，民國七十九年）。

19. 牟宗三主編：《周易哲學演講錄》（台北：聯經出版事業公司，2003 年 6 月）。

20. 牟宗三講述、陶國璋整構：《莊子齊物論義理衍析》（台北：書林出版社，1994 年 4 月）。

21. 竹慶本樂仁波切著，江翰雯、林胡鳳茵譯：《狂野的覺醒：大手印與大圓滿之旅》（台北：台灣明名文化傳播有限公司，2008 年 12 月）。

22. 杜保瑞：《莊周夢蝶》（台北：五南圖書出版股份有限公司，2007 年 1 月）。

23. 杜善牧著，宋稚青譯：《老莊思想分析》（台中：光啓出版社，民國六十四年）。

24. 李勉：《莊子總論及分篇評注》（台北：臺灣商務印書館，1990 年 8 月）。

25. 李霞：《生死智慧——道家生命觀研究》（北京：人民出版社，2004 年 5 月）。

26. 李振綱：《生命的哲學：《莊子》文本的另一種解讀》（北京：中華書局，2009 年 11 月）。

27. 吳康：《哲學大綱》（台北：臺灣商務印書館，民國五十八年一月）。

28. 吳康：《黑格爾哲學》（台北：臺灣商務印書館，1996 年 6 月）。

29. 吳怡：《逍遙的莊子》（台北：三民書局股份有限公司，2005 年 6 月）。

30. 吳順令：《莊子道化的人生哲學》（台北：台灣學生書局有限公司，2006 年 11 月）。

31. 胡自逢：《伊川論易卦之動靜》（台北：文史哲出版社有限公司，民國 84 年 12 月）。

32. 胡經之：《文藝美學》（北京：北京大學出版社，1992 年 2 月）。

33. 胡經之、王岳川主編：《文藝美學方法論》（北京：北京大學出版社，1994 年 10 月。

34. 洪漢鼎：《詮釋學——它的歷史和當代發展》（北京：人民出版社，2005 年 10 月）。

35. 周雅清：《成玄英思想研究》（台北：新文豐出版股份有限公司，2003 年 9 月）。

36. 宗白華：《美學散步》（上海：人民出版社，2000 年 3 月）。

37. 南懷瑾：《易經雜說》（香港：老古文化事業股份有限公司事業股份有限公司，2007 年 4 月）。

38. 徐復觀：《中國藝術精神》（台北：台灣學生書局有限公司，1996 年）。

39. 侯光復主編：《儒家道家經典全釋：老子、莊子》（北京：大連出版社，1998 年 10 月）。

40. 袁保新：《老子哲學之詮釋與重建》（台北：文津出版社，1991 年）。

41. 高柏園：《莊子內七篇思想研究》（台北：文津出版社，1992 年 4 月）。

42. 高亨：《周易古經今注》（台北：樂天出版社，民國六十一年三月）。

43. 高明、涂白奎：《古文字類編》（上海：上海世紀出版股份有限公司，2010 年 4 月）。

44. 索甲仁波切著，鄭振煌譯：《西藏生死書》（台北：張老師文化事業股份有限公司，1998 年 6 月）。

45. 徐克謙:《莊子哲學新探:道‧言‧自由與美》(北京:中華書局,2005年8月)。

46. 唐華:《易經變化原理》(上海:上海社會科學院出版社,1993年12月)。

47. 唐明邦主編:《周易評注》(北京:中華書局,1995年8月)。

48. 唐力權:《周易與懷德海之間》(瀋陽市:遼寧大學出版社,1997年3月)。

49. 唐君毅:《中國人文精神之發展》(台北:台灣學生書局有限公司,1974年)。

50. 唐君毅:《中國哲學原論(原性篇)》(台北:台灣學生書局有限公司,1989年)。

51. 陳鼓應編:《道家文化研究》第一輯,(北京:三聯書店有限公司,1992年6月)。

52. 陳鼓應編:《道家文化研究》第十四輯,(北京:三聯書店有限公司,1998年7月)。

53. 陳鼓應:《老子今註今釋及評介》(台北:臺灣商務印書館,2008年)。

54. 陳鼓應:《老莊新論》(台北:五南圖書出版股份有限公司,2007年2月)。

55. 陳德和:《道家思想的哲學詮釋》(台北:里仁書局,民國九十四年一月)。

56. 陳嘉映:《海德格爾哲學概論》(北京:三聯書店有限公司,1995年4月)。

57. 梁美儀、張燦輝合譯:《凝視死亡——死與人間的多元省思》(香港:中文大學出版社,2005年)。

58. 項退結:《現代中國與形上學》(台北:黎明文化事業公司,民國六十七年)。

59. 張京華:《莊子哲學辨析》(瀋陽:遼寧教育出版社,1999年4月)。

60. 張汝倫:《現代西方哲學的十五堂課》(台北:五南圖書出版股份有限公司,2007年1月)。

61. 崔大崋:《莊學研究》(北京:人民出版社,1992年)。

62. 崔宜明著:《生存與智慧——莊子哲學的現代闡釋》(上海:人民出版社,1997年5月)。

63. 陶國璋:《生命坎陷與現象世界》(台北:書林出版社,1995年4月)。

64. 勞思光著:《新編中國哲學史(一)》(台北:三民書局股份有限公司,2005年4月)。

65. 勞思光著:《新編中國哲學史(二)》(台北:三民書局股份有限公司,2007年1月)。

66. 勞思光:《新編中國哲學史(三上)》(台北:三民書局股份有限公司,中華民國八十二年八月)。

67. 曾春海：《兩漢魏晉哲學史》（台北：五南圖書出版股份有限公司，2008年 08 月）。

68. 曾昭旭：《充實與虛靈：中國美學初論》（台北：漢光文化事業股份有限公司，1993 年）。

69. 湯一介：《郭象與魏晉玄學》（台北：谷風出版社，1987 年 3 月）。

70. 馮友蘭：《中國哲學史》（台北：臺灣商務印書館，1993 年 4 月）。

71. 賀昌群、劉大杰、袁行霈著：《魏晉思想》（台北：里仁書局，1995 年 8月）。

72. 黃錦宏：《莊子及其文學》（台北：東大圖書股份有限公司，1984 年）。

73. 黃信二：《陸象山哲學研究》（台北：秀威資訊科技股份有限公司，2009年 11 月）。

74. 傅偉勳：《死亡的尊嚴與生命的尊嚴：從臨終精神醫學到現代生死學》（台北：正中書局股份有限公司，2010 年 6 月，第六版）。

75. 葛榮晉：《中國哲學範疇導論》（台北：萬卷樓圖書股份有限公司，民國八十二年）。

76. 葛榮晉主編：《道家文化與現代文明》（北京：中國人民大學出版社，1991年 4 月）。

77. 葉海煙：《老莊哲學新論》（台北：文津出版社，1997 年）。

78. 葉海煙：《莊子的生命哲學》（台北：東大圖書股份有限公司，民國七十九年）。

79. 趙師中偉：《《周易》「變」的思想研究》（台北：花木蘭文化出版社，2009年 3 月）。

80. 鄔昆如：《哲學概論》（台北：五南圖書出版股份有限公司，2006 年 9 月）。

81. 鄔昆如：《形上學》（台北：五南圖書出版股份有限公司，2004 年 3 月）。

82. 劉述先：《生命情調的抉擇》（台北：台灣學生書局有限公司，民國七十四年八月）。

83. 劉小楓編選：《德語美學文選》（上海：華東師範大學出版社，2006 年 9月）。

84. 蔡元培：《中國倫理學史》（台北：五南圖書出版股份有限公司，2010 年1 月）。

85. 蔡仁厚：《中國哲學史大綱》（台北：台灣學生書局有限公司，1988 年）。

86. 蔡仁厚：《中國哲學史》（上）（台北：台灣學生書局有限公司，1988 年）。

87. 蔡美麗：《海德格哲學》（台北：環宇出版社，1972 年）。

88. 潘德榮：《詮釋學導論》（台北：五南圖書出版股份有限公司，2002 年 9月）。

89. 潘德榮、賴賢宗主編：《東西哲學與本體詮釋：成中英先生七十壽誕論文集》（台北：康德文化出版社，2005 年 10 月）。

90. 錢穆：《莊子集纂》（台北：東大圖書股份有限公司，2009 年 8 月）。

91. 錢奕華：《林雲銘《莊子因》「以文解莊」研究》（台北：花木蘭文化出版社，2009 年 3 月）。

92. 盧雪崑：《物自身與智思物——康德的形而上學》（台北：里仁書局，2010 年 5 月）。

93. 顏崑陽：《莊子藝術精神析論》（台北：華正書局有限公司，民國九十四年一月）。

94. 顏崑陽：《莊子的寓言世界》（台北：漢藝色研文化事業有限公司，2005 年 1 月）。

95. 嚴靈峰編輯：《無求備齋莊子集成續編》，第 27 冊（台北：藝文印書館，1974 年）。

96. 嚴靈峰：《老莊研究》（台北：中華書局，1966 年）。

97. 釋慈莊：《法相》（高雄市：佛光文化事業有限公司，1997 年 5 月）。

98. 亞里斯多德（Aritotle）著，劉效鵬譯著、導讀：《詩學》（台北：五南圖書出版股份有限公司，2008 年 6 月）。

99. 叔本華（Arthur Schopenhauer）著，劉大悲譯：《意志與表象的世界》（台北：志文出版社，2011 年 10 月）。

100. 佩瑪·丘卓（Ani Pema Chödrön）著，胡因夢、廖世德譯：《當生命陷落時——與逆境共處的智慧》（台北：心靈工坊文化事業股份有限公司，2001 年 10 月）。

101. 安·蘭德（Ayn Rand）著，焦曉菊譯：《自私的美德》（台北：左岸文化事業有限公司，2012 年 7 月）。

102. 馬爾庫塞（Herbert Marcuse）著，李小兵譯：《審美之維》（北京：新華書店，1992 年 6 月）。

103. 伽達默爾（Hans-Georg Gadamer）著，洪漢鼎譯：《真理與方法》（台北：時報文化出版企業股份有限公司，1995 年 7 月）。

104. 歐文·亞隆（Irvin D. Yalom）著、易之新譯：《存在心理治療（上）死亡 Existential Psychotherapy》（台北：張老師文化事業股份有限公司，2003 年 9 月）。

105. 克里希那穆提（Jiddu Krishnamurti）著、廖世德譯：《生與死》（台北：方智出版社有限公司，1995 年 11 月）。

106. 克里希那穆提（Jiddu Krishnamurti）著，謝阿彌、鹿野譯：《克里希那穆提最後的日記》（台北：大塊文化出版股份有限公司，1995 年 11 月）。

107. 波謙斯基（J. M. Bochenski）著，王弘五譯：《哲學講話》（台北：鵝湖出版社，民國八十一年十一月）。

108. 紀伯倫（Khalil Gibran）著，宋碧雲譯：《先知——紀伯倫的永恆之歌》（台北：志文出版社有限公司，2007 年 8 月）。

109. 托爾斯泰（Lev Nikolayevich Tolstoy）著，易林譯：《托爾斯泰短篇小說集》（台中：三久出版社，1997 年 1 月）。

110. 馬爾庫斯（Marcus．Aureliusk）著，梁實秋譯：《沉思錄》（台北：協志工業叢書出版股份有限公司，民國四十九年五月）。

111. 米歇爾．德．蒙田（Michel de Montaigne）著，馬振騁譯：《蒙田哲語錄：對死亡的蔑視》（新北市：遠足文化事業有限公司，民國 101 年 3 月）。

112. Peter A. Angeles 著，段德智、尹大貽、金常政譯：《哲學辭典》（台北：貓頭鷹出版社，2007 年 4 月）。

113. 羅蘭．巴特（Roland Barthes）著，李幼蒸譯：《寫作的零度》（台北：桂冠圖書股份有限公司，2007 年 4 月）。

114. 帕瑪（R.E.Palmer）著，嚴平譯：《詮釋學》（台北：桂冠圖書股份有限公司，1992 年 5 月）。

115. 史文德森（Svendsen Lars Fr. H.）著，黃煜文譯：《最近比較煩——一個哲學思考》（台北：商周文化事業股份有限公司，2009 年 02 月）。

116. 弗蘭克（Viktor E. Frankl）著，趙可式、沈錦惠合譯：《活出意義來——從集中營說到存在主義（Man's Search for Meaning）》（台北：光啓出版社，1992 年 7 月）。

117. 布魯格（W. Brugger）編，項退結編譯：《西洋哲學辭典》（台北：先知出版社，1976 年）。

三、期刊

1. 王邦雄：〈《莊子》心齋「氣」觀念的詮釋問題〉，《淡江中文學報》，第 14 期，2006 年 6 月。

2. 王邦雄：〈老莊哲學的生死智慧〉，《宗教哲學月刊》第 4 卷第 3 期，1998 年 7 月。

3. 皮朝綱、劉方：〈忘——即自的超越〉，《西南民族學院學報・哲社版》，第 20 卷第 6 期，1999 年 11 月。

4. 牟宗三：〈道家之「無」底智慧與境界形態的形上學〉，《鵝湖月刊》，第 1 卷第 4 期，1975 年 10 月。

5. 沈清松：〈莊子論美〉，《東方雜誌》，第 23 卷第 8 期，民 79 年 2 月。

6. 李霞：〈老莊道家生死觀研究〉，《安徽大學學報》，第 31 卷第 6 期，2007 年 11 月。

7. 吳汝鈞：〈莊子的終極關懷〉，《哲學雜誌》第 17 期，1996 年。

8. 周宏麗：〈論「心齋」說〉，《淮陰師專學報》，第 1 期，1997 年。

9. 胡鐘寰：〈「虛靜」的審美機制與中國審美精神〉，《安慶師範學院學報》，2001 年 2 月。

10. 唐名輝：〈《莊子》哲學的內在張力〉，《濟南大學學報》，第 11 卷，2001 年 11 月。

11. 高柏園：〈論勞思光先生對莊子思想之詮釋〉，《淡江人文社會學刊》第 6 期，2000 年 11 月。

12. 陳文章：〈大小之辯與生命的境界層次——莊子逍遙遊試探〉，《鵝湖月刊》第 4 卷第 2 期，1983 年。

13. 陳德和：〈論莊子哲學的道心理境〉，《鵝湖學誌》第 24 期，2000 年。

14. 陳鼓應：〈莊子的悲劇意識和自由精神〉，《國文天地》7 卷 1 期，1991 年 6 月。

15. 陳鼓應：〈王弼道家易學詮釋〉，《臺大文史哲學報》，第 58 期，2003 年 5 月。

16. 張瑞良：〈蘊處界三概念之分析研究〉，《台大哲學論評》，第 8 期。

17. 楊祖漢：〈齊物論的言說方式〉，《鵝湖月刊》第 354 期，2004 年。

四、學位論文

1. 金在成：《莊子哲學中「吾喪我」之研究》，臺灣大學哲學研究所碩士論文，1994 年。

2. 周景勳：《莊子寓言中的生命哲學》，輔仁大學哲學研究所博士，1989 年。

3. 周詠盛：《〈莊子・齊物論〉結構研究：論其問句形式、隱喻及寓言》，臺灣大學哲學研究所碩士論文，2011 年。

4. 高澤民：《論莊子「心死」與「逐物」的問題》，臺灣大學哲學系碩士論文，1980 年。

5. 康韻梅：《中國古代死亡觀之探究》，臺灣大學中國文學研究所博士論文，1992 年。